모든 일의 성패는 그 일을 하는 사람의
사고와 자세에 달려있다.

나에게 시련은 있어도 실패는 없다

나는 확고한 신념과 불굴의 노력으로
열심히 살아가는 사람이지 특별한 사람이 아니다.

정주영

청소년들에게 선사하는 정주영 회장의 스물 여섯가지 성공 법칙!

청소년을 위한 정주영의
성공멘토링

김옥림 지음

미래북

꿈꿀 수 있는 것은 무엇이든 이룰 수 있다

대한민국건국이래 맨주먹으로 대한민국의 경제역사를 새롭게 쓰며 기적을 이뤄낸 가장 독보적이며 가장 위대한 업적을 남긴 아산 정주영!

그는 강원도 통천의 가난한 시골에서 태어났습니다. 그는 가난이 싫어 고향을 떠나 혈혈단신으로 매서운 현실에 맞서 싸웠습니다. 세상의 그 어느 것 하나라도 그를 위해 준비된 것은 없었습니다. 그는 오직 혼자였고 빈털터리이었으며 외로운 존재였습니다. 그러나 그의 가슴속엔 가난을 물리치고 성공해야겠다는 강한 신념이 불꽃으로 활활 타고 있었습니다.

그는 부두 막노동꾼으로 시작해서 쌀가게 배달부를 거쳐 쌀가게 주인으로 자동차 수리업자로 그리고 건설업을 하며 정직과 신용으로 경제적 발판을 마련하며 우리나라 최대기업인 현대그룹 CEO가 되었습니다. 그 뿐만이 아니라 우리나라경제계에서 최고의 수장인 전국경제인연합회 회장을 무려 다섯 번이나 연임을 한 그야말로 우리나라경제계의 전무후무한 전설입니다. 그가 그렇게 되기까지에는 말 못할 고통과 눈물과 한숨과 수많은 시련이 있었지만 그는 당당히 성공하였습니다.

정주영은 강한신념의 소유자였습니다. 그에게 불가능이란 없었습니다. 남들이 "No!" 라고 말 할 때 그는 언제나 "Yes!" 라고 말했습니다. 그는 사람이 할 수 없는 일은 이 세상에 하나도 없다고 믿었습니다. 이 세상에 존재하는 모든 것은 사람이 다 할 수 있는 것이라고 믿고 실천으로 옮겼던 것입니다. 그에 대한 한 가지 예를 보겠습니다.

한국전쟁 때 아이젠하워가 대통령에 당선되어 부산에 있는 UN묘지를 방문할 당시 미군수뇌부에서 정주영에게 한 가지 제안을 했습니다. 허허벌판인 UN묘지를 방문하는 아이젠하워를 위해 묘지 주변을 초록벌판으로 만들 수 있겠느냐고 물었던 것입니다. 그것도 엄동설한에 말입니다.

뜻밖에도 정주영의 내답은 "나는 힐 수 있다 Yes, I can do it!" 이었습니다. 그러자 임직원들은 '도대체 어떻게 하려고 불가능한 일을 저리도 자신 있게 말할까' 하며 걱정 가득한 얼굴로 정주영을 바라보았습니다. 하지만 정주영은 아주 태연자약했습니다. 그는 걱정으로 얼룩진 임직원들을 향해 "인근에서 보리농사 짓는 농가를 샅샅이 뒤져 밭떼기로 모두 사라." 고 웃으며 말했습니다. 그 말을 듣는 순간 임직원들의 입에서는 "역시!" 하는 감탄사가 쏟아져 나왔습니다. 그 이유는 보리로 떼를 입혀 잔디처럼 꾸미는 전광석화와도 같은 아이디어였기 때문입니다.

정주영의 아이디어대로 UN묘지는 한겨울에도 파랗게 변화하는 놀라움이 연출되었습니다. 그것을 본 미군 관계자는 "오, 원 더플! 배리 굿!" 하며 연신 감탄하였습니다. 이렇게 해서 정주영은 미군수뇌부의 걱정거리를 단숨에 해결하며 굳은 신뢰를 쌓았습니다. 그 후 미군에서는 정주영에게 많은 일감을 주었고 그가 현대라는 거대한 '희망의 탑'을 세우는데 튼튼한 주춧돌이 되었습니다.

앞의 일화에서 보듯 정주영에겐 못할 것이 없었습니다. 그는 '무에서 유를 창조하는' 인생의 조각가였습니다. 아무리 불가능한 것도 그가 손만 대면 멋진 '성공의 금자탑'이 되었던 것입니다. 이렇듯 그는 마음먹은 일은 모든지 밀어 붙여 반드시 이루어내고야 마는 불패의 CEO이었습니다. 그의 불패 정신은 그만이 간직한 강한 신념에서 나온 것입니다.

우리나라가 1988년 서울올림픽을 성공리에 치루고 경제도약의 발판을 굳히고 세계 속의 대한민국을 알리는데 일등 공신은 단연 정주영입니다. 그는 누구도 해낼 수 없다는 서울올림픽유치를 당당하게 성사시켜 대한민국을 희망으로 이끌었는데 이런 그의 이면에는 '창의적 도전정신'이 있었기에 기능했던 것입니다. 그의 머리엔 늘 창의적인 아이디어로 가득했습니다. 국내파는 물론 유학파의 최고의 엘리트들도 해내지 못하는 일들을 그의 번쩍이는 지혜로 하는 일마다 성공적으로 이끌어 낸 것은 그가 얼마나 탁월한 인물이었는지를 단적으로 알게 해주는 좋은 예입니다.

그의 수많은 업적 중에서도 단연 돋보이는 것은 분단의 상징인 판문점의 분계선을 넘어 소떼를 직접 몰고 평양을 방문한 일입니다. 그 당시 그 모습을 지켜보던 온 국민이 가슴엔 흥분과 감동의 물결이 거대한 파노처럼 출렁서렸습니다. 그것은 마치 한 편의 극적인 드라마였습니다. 그 역사적인 순간을 ABC, NBC, BBC, NHK 방송은 물론 워싱턴포스트지, 뉴욕타임지, AP통신을 비롯한 세계의 유수한 언론매체들은 앞다투어 보도했고 전 세계인들의 눈은 소떼를 몰고 가는 그에게로 쏠렸습니다.

그 일이 있은 후 우리나라와 북한은 냉전의 고리를 풀고 화해와 협력의 시대로 나아가는 계기를 마련하였습니다. 그 결과 개성공단을 개발하고 금강산관광을 통해 경제협력에 이바지함으로써 평화통일을 향해 한발 한발 나아가는 쾌거를 이루어 냈습니다. 이제껏 그 어느 누구도 해내지 못한 엄청난 일을 그가 해냈던 것입니다.

정주영은 단순히 뛰어난 경제인만이 아닙니다. 그는 나라의 경제발전을 위해 노력한 실용주의적 실천자였고, 조국의 평화를 위해 최선의 노력을 다한 투철한 민족정신의 소유자였습니다. 또한 그는 가난하고 어려운 사람들을 위해 사단법인 아산재단을 설립하여 전국 오지마을에 병원을 짓고 각종 사업을 벌이는 등 그는 자신의 인생을 30배 60배 100배 아니 그 이상으로 멋지게 살다 간 100년에 한 번 나올까 말까한 위대한 인물입니다.

나는 개인적으로 정주영 회장과는 아무런 관련이 없습니다. 그의 생전에 그와 한 번도 만난 적이 없습니다. 그런 내가 성공적인 인생을 살다간 많은 사람들 중에서도 우리의 청소년들에게 정주영을 배워야한다고 강조하는 것은 그만큼 그의 인생은 하나의 감동이고 성공적인 삶의 성과이고 인생의 표본이라고 믿기 때문입니다. 물론 그에게도 잘못도 있고 실수도 있고, 비난 받을 일도 있을 것입니다. 하지만 그럼에도 불구하고 그는 많은 것을 이루어 낸 성공적인 인생교과서입니다. 그래서 나는 우리의 청소년들이 그의 탁월한 인생을 통해 자신의 인생을 성공적으로 계발하는데 도움이 되었으면 하는 간절한 열망으로 이 책을 십필하게 되있습니다.

인생은 행복한 사람에게는 짧고 불행을 느끼는 사람에게는 길 것입니다. 그렇다면 한 번 뿐인 인생을 행복하고 멋지게 살아야 하지 않을까요. 내가 인간으로 태어난 것을 자랑스럽게 여기길 수 있도록 말입니다.

대한민국의 청소년들이여,

꿈으로 밥을 먹고 꿈으로 물을 마시세요. 꿈꿀 수 있는 것은 무엇이든 이룰 수 있습니다. 꿈꾸는 사람이 되기 바랍니다 그리고 꿈이 커야 큰 인생이 된답니다. 꿈을 쫓이기지 말고 꿈을 리드하고 꿈을 지배하는 아름답고 멋진 인생이 되기 바랍니다.

2009년 새해 아침

김 옥 림

차례

지금 하십시오

할 일이 생각나거든 지금 하십시오.
오늘 하늘은 맑지만, 내일은 구름이 보일지 모릅니다.
어제는 이미 당신의 것이 아니니, 지금 하십시오.

친절한 말 한 마디 생각나거든,
지금 말하십시오.
내일은 당신의 것이 안 될지도 모릅니다.

사랑하는 사람이 언제나 곁에 있지는 않습니다.
사랑의 말이 있다면
지금 하십시오.

미소를 짓고 싶거든
지금 웃어주십시오.
당신의 친구가 떠나기 전에

장미는 피고 가슴이 설렐 때
지금 당신의 미소를 주십시오.

불러야 할 노래가 있다면
지금 부르십시오.
당신의 해가 저물면 노래를 부르기엔
너무나 늦습니다.
당신의 노래를 지금 부르십시오.

                              －로버트 해리

제 1부

개척자 정신을 길러라

한번 시작한 일은
꾸준한 실천으로 반드시 이루어내라

무슨 일이든 꾸준한 실천이 중요하다

무슨 일을 할 땐 계획을 잘 세우는 것도 중요하지만 그 보다 더 중요한 것은 그 일을 실현시키기 위해서는 꾸준한 실천력이 필요합니다. 어떤 일에 있어 계획이란 빌딩을 지을 때의 설계도와도 같은 것이지요. 그런데 아무리 설계도를 완벽하게 그렸다하더라도 빌딩이 저절로 지어지는 법은 없습니다. 땅을 파고 철근을 넣고 시멘트를 반죽하여 일정한 비율에 맞춰 콘크리트를 쳐야합니다. 그리고 한 층 한 층을 정성스럽게 쌓아올려야합니다. 그래야 비로소 튼튼하고 안전한 빌딩이 되는 것입니다.

실천이란 바로 빌딩을 짓듯 행하여지는 모든 과정을 말하는데 이러한 실천적 행위가 꾸준하게 이어져야만 어떤 결과를 얻게 되는 것이지요. 하지만 대개의 사람들은 무슨 일을 시작할 때 처음엔 아주 그럴듯하게 계획을 세우고 분주히 돌아칩니다. 그것은 보는 것만으로도 활력이 넘치고 기분이 좋습니다. 그러나 어느 정도의 시간이 지나고 나면 처음 가졌던 열정적인 마음은 다 어니로 가고 버석거리고 먼지 나는 밋밋한 마음만이 자신의 가슴속에 남아 있음을 발견하게 되지요. 그런데 문제는 뼈아픈 반성이나 후회도 잘 할 줄 모릅니다. 다 그런 거지 뭐, 하고 자신의 무능함을 합리화 시키려고만 하지요. 이는 어린이들이든 10대들이든 20대들이든 30대들이든 누구나 한 번 쯤은 다 경험한 일일 것입니다.

이러한 생각을 한다는 것은 인생의 독소와 같지요. 그래서 이런 생각의 지배를 받는 한 진정한 발전이란 있을 수 없습니다.

'머리는 용인데 꼬리는 뱀이다.' 라는 용두사미의 의미는 계획과 실천의 중요성을 잘 지적해준 말입니다. 그런데 이런 소중한 의미를 잘 알고 있으면서도 그것을 행하지 못하는 것은 의지가 약하기 때문이지요.

의지란 무엇을 이루어내겠다는 굳은 마음을 말하는데 의지가 없다면 그 어떤 것도 결코 이루어 낼 수 없습니다. 강한 의지가 마음속에서 강하게 작용을 할 때만이 꾸준한 실천을 함으로써 성공리에 일을 해 나갈 수 있지요.

정주영은 이런 실천적 의지가 매우 뛰어났습니다. 무엇인가를 결정하면 무섭게 밀고 나갔지요. 그의 굳은 의지는 아무도 당해 낼 수 없을 만큼 강했습니다. 그래서 사람들은 그를 '불도저' 라고 불렀습니다. 그 누구도 그의 의지 앞엔 두 손을 들고 말았지요. 그만큼 정주영은 탁월한 의지의 인생이었습니다. 그가 이루어 놓은 수많은 성공은 불굴의 의지를 갖고 흔들림 없이 꾸준하게 실천으로 옮겼기에 해 낼 수 있었던 것입니다.

창조적이고 진취적인 사고방식을 길러라

정주영은 고정관념을 배격하고 멀리하였습니다. 그래서 고정관념에 사로잡혀 있는 사람들은 그가 누구든 힐책하고 경계하였지요.

고정관념은 진취적인 사고를 가로막는 부정적 마음의 요소입니다. 이런 부정적 요소가 마음에 가득 차게 되면 자신의 힘으로 능히 할 수 있는 것도 못하게 되고, 새로운 변화를 쫓아가지 못해 결국은 더 나은 자리로 나아갈 수 없습니다. 왜냐하면 고정관념은 새로운 변화를 싫어하기 때문이지요.

고정관념의 특징은 항상 현재에만 안주하려고 합니다. 그것이 설혹 자신의 삶에 악영향을 주더라도 그것에서 벗어나지 않으려고 하지요. 이런 사람들에게 새로운 발전을 기대한다는 것은 어리석고 미련스러운 일입니다. 그러기에 새로운 것에 대한 시도와 도전은 아무나 할 수 없습니다. 진취적인 기상과 사고방식으로 무장 된 사람만이 할 수 있지요. 이러한 진취적인 기상과 사고방식으로 무장한 사람이 불굴의 의지와 꾸준한 실천을 다 할 때 놀라운 결과가 일어나는 것입니다.

정주영이 바로 그런 사람이었지요. 할 수 없다, 안 될 것이다, 라는 말은 그의 사전엔 없었습니다. 그에겐 오직 할 수 있다, 해 내고야 만다, 는 의지와 진취적 기상과 강한신념이 불타고 있었습니다. 정주영은 이런 자신민의 인생철학을 세우고 최선의 노력을 다 한 끝에 우리나라 최대의 기업인 '현대'를 탄생시켰으며 '현대'를 세계의 경제반석위에 우뚝 세워놓았습니다. 그가 이룬 경이로운 업적에 대해 몇 가지를 꼽자면 맨주먹으로 우리나라 조선소를 세계 일등으로 키워냈고, 현대자동차를 세계적인 기업으로 키워냈습니다 또한 현대건설을 세게 초일류 기업으로 키워냈고, 유수한 세계적인 기업을 물리치고 미약하기 그지없는 자본과 기술력으로 20세기 죄대공사라고 일컫는 사우디아라비아의 주베일 산업항공사를 따내 계약서에 작성 된 공기인 40개월을 무려 8개월이나 앞당겨 성공적으로 이루어냈지요. 그에 대한 성공신화를 일일이 열거한다는 것 자체가 어쩌면 무의미하다고 하겠습니다. 그만큼 정주영은 뛰어난 모험가이며 창조적 전략가며 강인한 신념과 도전정신의 소유자였습니다. 그가 이처럼 세계적인 CEO가 될 수 있었던 것은 바로 끊임없이 탐구하고 노력하는 진취적 사고방식으로 꾸준하게 실천에 임했기 때문입니다.

이에 대해 많은 사람들이 정주영을 초인적인 사람으로 매우 뛰어난 능력의 소유자로 평가하면

"나는 특별한 사람이 아닙니다. 나는 오직 확고한 신념과 불굴의 의지로 꾸준히 노력하는 사람일 뿐입니다."

라고 겸허하게 말하곤 했습니다.

정주영의 최대의 장점은 창조적이고 진취적인 사고방식의 소유자라는 것이지요. 그리고 이런 점이 정주영을 우리나라 역대 최고의 CEO로 만든 원동력입니다.

한번 시작한 일은 반드시 끝내라

크고 작은 일들은 어느 것 하나 그냥 이루어지는 것은 없습

니다. 아무리 작은 성과라고 해도 그만한 땀과 노력이 들어가야합니다. 그런데 노력 없이 성과를 기대한다는 것은 자신을 속이는 일이고 자신에게 떳떳하지 못한 일이요.

　성공한 사람과 그렇지 못한 사람의 차이점은 바로 이런데 있습니다. 공짜를 바라지 않는 것과 공짜를 원하는 것.

　정주영이 그랬지요. 그는 절대로 공짜를 바라지 않았습니다. 그냥 얻어지는 것은 무가치한 것으로 여겼거든요. 땀 흘려 이루어 낸 것만이 진실이라고 믿었지요. 그래서 그는 게으른 사람들을 제일 싫어했습니다. 그 반면에 땀 흘리며 최선의 노력을 다하는 사람을 좋아했지요.

　정주영에겐 불가능이란 없었습니다. 이 세상 모든 일은 다 할 수 있는 것들이라고 여겼지요. 그런네 그것을 하지 못하는 것은 신념이 부족하고 노력이 부족하기 때문이라고 믿었습니다. 정주영은 실패를 두려워하지 않았어요. 그는 실패 역시 성공으로 가는 하나의 과정이라고 여겼을 뿐입니다. 그의 가슴엔 오직 할 수 있다는 믿음으로 가득 차 있었지요. 그래서 정주영은 어떤 일이고간에 한번 시작한 일은 반드시 끝을 내고야 말았습니다. 그가 한번 시자한 일엔 추퇴가 없있습나다. 그가 성공으로 이루이 낸 모든 것들은 그가 마음먹고 될 수 있다고 믿고 시작한 일들입니다. 그랬기에 정주영에겐 포기란 없었습니다. 포기할 것 같으면 아예 시작을 하지 않았지요.

지금 청소년들은 의지가 약하고 부모에게 의존하려는 마음으로 가득합니다. 키도 크고 체격도 우람하지만 그에 비해 의지는 아주 약하지요. 그리고 새로운 일에 대해 도전하는 것을 두려워합니다. 미래에 대한 확고한 신념도 약한 편이고요. 자기 주관도 불분명하고 끈기와 집념이 약하지요.

그런데 이상은 매우 높습니다. 이상만 높다고 그 이상이 실현되는 것은 아닌데도 말입니다. 이상이 높으면 그것을 이루려는 실행의 의지도 높아야합니다. 이 세상엔 해서 안 되는 일은 별로 없습니다. 물론 아무리 노력하고 애를 써도 안 되는 것도 있지요. 하지만 최선을 다한다면 최고는 아니더라도 그 근처에는 다다를 수가 있습니다. 그것 또한 매우 의미 있는 일이지요.

배가 고프면 엄마 없이도 스스로 밥을 찾아먹듯 자신에게 주어진 일을 스스로 행하는 자세를 길러야합니다. 자신이 해야 할 일을 남에게 떠넘기는 것은 자신의 인생에 대한 직무유기이지요. 자신이 해야 할 일이라면 그 어떤 것도 자신의 힘으로 당당하게 해 나가야합니다. 앞으로의 시대는 더욱 자생력을 길러야합니다. 그리고 자신을 창조적이고 진취적이고 능동적인 인간형으로 만들어야합니다. 창조적인 인간형이 되지 않으면 남보다 앞서 갈 수 없습니다. 자신이 진정으로 성공하는 인생이 되고 싶다면 창조적이고 진취적인 삶의 자세를 갖고 자신이 시작한 일에 대해서는 어떤 일이 있어도 반드시 이뤄내는 창조적인 인간형이 되어야합니다.

한번 시작한 일은 꾸준한 실천으로 반드시 이루어내십시오.

이는 정주영이 성공적인 인생이 될 수 있었던 첫 번째 성공 비밀입니다.

정주영의 첫 번째 성공멘토링

01 창조적이고 진취적인 사고방식을 길러야합니다. 이런 삶의 자세를 갖게 될 때 그 어떤 일도 성공적으로 이끌어 낼 수 있는 원동력이 된답니다.

02 한번 시작한 일은 무슨 일이 있어도 반드시 끝내기 바랍니다. 매사에 그런 자세를 갖고 행한다면 그만큼 성공할 확률을 높일 수 있습니다.

03 꾸준한 실천력을 길러야합니다. 어떤 일을 하다 중도에서 포기하지 않는 자세야 말로 바른 마음이며 몸가짐이지요. 이런 삶을 실천하는 사람이 성공의 길에 빠르게 다다를 수 있는 것입니다.

목표에 대한 투철한 신념을 길러라

자신만이 이룰 수 있는 목표를 정하라

사람은 누구든 그 사람만의 특기와 장점이 있지요. 성공한 사람들은 자신만의 특기와 장점을 최대한 잘 활용한 사람들입니다. 그런데 대개의 사람들은 자신의 특기와 장점을 활용하는 일에 매우 서툽니다. 그것을 알고도 게으르고 끈기와 의지력이 약하다보니 그냥 지나치는 경우가 많기 때문입니다.

정주영은 이점에 있어 매우 탁월한 인물이었습니다. 그는 한번 정한 먹이 감을 절대 놓치지 않는 송골매처럼 무서운 추진력과 빠른 속도로 자신이 정한 목표를 항해 나아갔습니다. 그리고 매우 합리적이고 정확하고 냉쾌하게 일을 처리했습니다.

그러면서도 요행을 바라거나 잔꾀를 부리는 일이 없었습니다. 오직 철저하게 분석하고 끈질기게 밀고 나갔지요. 또한 아무리 힘에 부쳐도 엄살을 피우거나 중도에서 포기하는 일이 없었습니다. 그만큼 그는 자신이 하는 일에 자신감과 신념으로 가득 차 있었습니다.

자신이 이룰 수 있는 삶의 목표를 정하는 방법에 대해 잘 안다면 목표를 향해 자신 있게 도전장을 내밀 수 있을 것입니다. 이에 대한 방법을 알아보지요. 첫째, 자신의 능력으로 이룰 수 있는 목표를 설정하기바랍니다. 둘째, 한번 정한 목표는 반드시 실행으로 옮겨야합니다. 셋째, 철저하게 분석하고 연구하여 최대한 시간과 노력을 효율적으로 활용해야합니다. 넷째, 자신이 하는 일에 대해 성공할 수 있다는 절대적인 신념을 확고히 하기 바랍니다. 다섯째, 그 누구의 눈치도 보지 말고 일에 대한 집중력을 최대한 극대화시키기 바랍니다. 여섯째, 자신이 하는 일이 어떤 상황에 의해 흔들리는 일이 있을지라도 절대로 의기소침하지 말고 신속하게 대책을 세워 나가기 바랍니다. 일곱째, 그 어떤 일도 손쉽게 이루어낼 수 있다는 생각은 절대 금물입니다. 백수의 왕 사자가 혹 멧돼지 새끼 같은 작은 먹이 감에도 전력질주를 하여 잡듯 최선을 다해 실천해야합니다.

앞에서 제시한 일곱 가지의 방법을 잘 지켜 행할 수만 있다면 자신이 정한 목표를 이루는데 큰 도움이 될 것입니다.

정주영은 어떤 일에서든 이러한 원칙을 잊는 법이 없었지요. 언제나 이 원칙에 의해 자신의 목표를 이루는데 최선을 다했고, 반드시 성공으로 이끌어 냈습니다. 이 원칙은 정주영을 우리나라 역사 이래 최고의 기업인으로 우뚝 서게 한 탁월한 선택이었습니다.

한번 정한 목표는 송골매처럼 강한 추진력으로 밀고나가라

정주영이 대개의 기업인들과 다른 점이 있다면 무모할 만큼 저돌적이고 강한 추진력의 소유자라는 것이지요. 여기서 저돌적이라는 표현이 다소 막무가내식이라는 어감을 갖게 하지만, 정주영은 매우 뛰어난 창조성과 순발력을 겸비한 보기 드문 인물이었습니다. 초등학교밖에 안 나온 그였지만 그의 머리의 회전속도는 수십 명의 박사들보다도 더 빠르고 정확했습니다. 학력과 삶의 지혜는 큰 차이를 보이는 경우가 많지요. 학력은 학교에서 배움을 통해 길러지는 이론에 근거한 것이지만 삶의 지혜는 만지고 보고 두드리고 경험함으로써 얻어지는 산교육의 결과물이랍니다. 그래서 삶의 지혜는 자로 잰 듯

한 이론적인 학문과는 달리 급변하는 상황전개에 대처하는 능력이 뛰어나지요. 정주영은 상황전개에 대처하는 능력이 아주 뛰어났습니다.

이에 대한 일화입니다.

자본과 자원이 없는 우리나라에서의 경쟁은 제 살 깎기와 같은 것임을 잘 아는 정주영은 오일 달러Oil Daler를 벌기 위해 원유를 팔아 막대한 부를 이룬 중동지역으로 진출을 모색했지요. 그 당시 우리나라는 극심한 인플레이션 현상 외에도 외채상환에 쫓기고 있었습니다. 정주영은 이를 타개하기 위한 방안으로 중동 진출을 목표로 삼았지요. 하지만 경험과 자본의 부족을 이유로 중동진출을 반대하는 세력들이 만만치 않았습니다. 그 누구보다도 해외건설담당 부사장이었던 친동생인 정인영의 반대가 극심했지요. 그러자 정주영은 반대하는 아우를 다른 회사로 전보 발령하면서까지 자신의 계획을 밀고 나갔습니다.

사우디아라비아 주베일 산업항공사는 20세기 세계최대의 역사라고 불리는 엄청난 규모의 공사였지요. 이 공사 입찰에 초청을 받은 나라와 기업을 보면 미국의 브라운 앤드 루츠, 산타페테 레이몬드 인터네셔널과 영국의 코스테인, 타막, 서독의 보스카리스, 프랑스의 스피베타놀 등 세계굴지의 9개 건설 회사들입니다. 사우디아라비아정부에서는 이 공사 입찰에 모두 10개의 회사를 참여시키기로 했는데 그중 하나가 비어있었습니다. 정주영은 바로 이 하나를 노린 것이지요. 자본도 기술력도 부족했지만 신념만큼은 그 누구도 따라올 수 없을 만큼 확고했습니다. 어느 누구도 이런 정주영 앞에서 무모한 짓이라며 반대할 수 없었습니다. 현대의 기술력은 울산 미포 만에 조선소를 건설한 경험을 최대한 활용하기로 했지만 문제는 자본이었지요.

최선의 방법을 강구한 끝에 정주영은 공사 주관부처인 사우디아리비아체신청의 기술용역회사인 영국의 윌리엄 할크로사에 미포만 조선소의 건설실적과 이 공사에 윌리엄 할크로사의 기술력이 제공된 점을 들고 두세 가지 시례를 더 들어 설득하기 시작했습니다.

정주영의 끈질긴 설득은 윌리엄 할크로사를 움직였고 윌리엄 할크로사의 세의로 사우디아라비아체신청은 이를 수라하였지요. 그런데 분제는 입찰 보증금 이천만 달러였습니다. 현대로써는 감당 할 수 없는 큰돈이었지요. 그렇지만 정주영은 좌절하지 않았습니다. 그는 맨주먹으로 현대를 이룬 서꿍의 신하였지요. 그런 그가 이천만 달리에 좌절한다는 것은 있을 수 없는 일이었습니다. 그는 1억 3천 8백만 달러짜리 바레인 아 스리 수리 조선소 공사로 거래를 튼 바레인 국립은행에 지원을 요청했고, 이 은행의 도움으로 사우디아라비아 국립상업은행의 지급보증을 받아냈습니다. 그렇게 해서 입찰에 나설 수 있었고, 현대의 기술력을 문제 삼아 과소평가하는 반대파 기업들의 공략을 물리치고 9억 3천만 달러에 낙찰을 받아내는 놀라운 쾌거를 이루어냈답니다. 그 누구도 도저히 상상할 수 없는 일이 벌어진 것입니다.

"현대는 우리가 제시한 주베일 산업 항 건설에 9억 3천1백14만 달러를 제시했습니다. 그리고 모든 서류는 완벽했고, 특히 40개월 공사기간을 조건 없이 8개월을 단축시키겠다는 제의에 깊은 감명을 받았습니다."

라고 사우디아라비아 주무부처에서 입찰결과를 발표했지요.

그 당시 사우디아라비아의 전체 건설 수주고가 열 개 업체에 총 7억 8천만 달러였는데 이에 비해 주베일 산업항공사는 단일 업체에 9억 3천만 달러였으니 그 규모를 가히 짐작하고도 남을 것입니다. 공사를 따낸 것만으로도 매우 큰 의미를 지니지만 공사를 시작하면서 더 큰 의미를 갖게 되었지요. 이 공사는 30M 심해저 암반에 30M의 기초 공사를 12Km나 하는 난공사로써 현대는 전혀 해 본적이 없었습니다. 이러한 외항유

조선 정박시설 공사는 뛰어난 기술력을 가져야 할 수 있지요. 이 공사에 들어간 콘크리트 소요량은 5톤짜리 트럭으로 연 20만대가 되었고, 철강자재만도 1만 톤짜리 선박 12척이 들어갔지요. 그리고 자켓이라는 철 구조물이 있는데 이것은 그 하나의 크기가 가로 18M, 세로 20M, 높이는 36M이고 무게는 자그만 치 550톤이나 되었지요. 그 규모가 10층 건물과도 같았으니 상상이 안 갈 정도이지요. 이 자켓이 89개가 필요했습니다. 정주영은 이 자켓을 설치하기 위해 울산조선소에서 제작한 1600톤급 해상 크레인을 가져다 썼지요. 그리고 공기 단축을 위해 이 공사에 소요되는 철 구조물 전부를 울산조선소에서 제작해 해상으로 운반한다는 계획을 세웠습니다. 그러자 무모한 일이라며 모두들 달가워하지 않았지요. 그러나 정주영은 이를 실행해 옮겼고, 그런 노력을 기울인 결과 40개월 공기인 공사를 8개월이나 앞당겨 32개월 만에 준공하여 세계건설업계를 놀라게 했습니다.

이에 대해 정주영은

"기업은 그때그때 재빨리 적응할 수 있는 임기응변적 민첩함이 반드시 있어야한다고 생각합니다. 이것이 나이 소신이고 철학입니다. 그러나 이를 잘 이해하지 못하는 이들이 많다는 것을 나는 잘 압니다."

하고 말했지요.

　정주영은 자신의 말대로 이해하지 못하는 많은 이들의 걱정을 멋지게 날려버리고 보기 좋게 성공을 이뤄냈던 것입니다.

　이 이야기에서 보듯 정주영은 상황전개 대처능력이 매우 뛰어났지요. 석 박사 출신의 연구원들과 고학력자 임원들은 물론 그 어느 누구도 그의 뛰어난 상황전개 대처능력에는 미치지 못했지요. 마음으로 느끼는 예지의 능력을 감感이 좋다, 라고 말하는데 정주영은 사물을 감지하고 상황을 판단하는 감이 선천적으로 타고 났답니다. 거기다 창조적이고 진취적인 사고방식까지 겸비했으니 그를 따를 자가 없는 것은 어쩌면 당연한 일이었지요. 제 아무리 이론에 밝아도 실전에 약하다면 그것은 진정한 공부가 아닙니다. 그것은 반쪽짜리의 공부에 불과하지요. 정주영은 비록 이론엔 약했지만 실전은 매우 뛰어났습니다. 그리고 실전에서 얻은 경험을 이론에 적용시킬 줄 아는 탁월한 임기응변가였지요.

　"우물쭈물하다간 남의 뒤꽁무니만 쫓아가게 되고 그렇게 해서는 이미 기득권을 가진 이들에 의해 시장은 쪼개지고 나뉘어져 겨우 부스러기나 얻어먹게 되는 것입니다."

　이는 신속하지 못하면 남는 장사를 할 수 없다는 의미로 정주영이 자주 하던 말이지요. 그렇습니다. 남의 뒤만 쫓아가는 사람은 항상 남의 뒤를 쫓아가게만 되지요. 그러나 남보다 앞서서 달려가는 사람은 늘 남보다 앞서서 갑니다. 마치 먼저 나는 새가 먹이를 먼저 구하는 것처럼.

정주영은 무슨 일이든 남보다 앞서나가야 직성이 풀렸습니다. 그리고 그의 그런 삶의 자세는 늘 그에게 성공이라는 기분 좋은 결과를 가져다주었고 뒤에서 조롱하는 이들의 코를 납작하게 만들어 주었지요.

임전무퇴의 투철한 정신으로 무장하라

신라시대 화랑도 세속오계에 보면 '임전무퇴' 라는 계율이 있습니다. 전쟁에 나서면 절대로 물러나지 말고 패하지 말라는 말이지요. 이는 참 무서운 의미입니다. 이런 투철한 정신으로 무장했던 화랑도들은 전쟁에 나가 죽는 것을 조국과 자신의 명예를 위한 최고의 영광으로 알았지요. 그랬기에 신라는 삼국통일을 이루어 낼 수 있었습니다. 바로 이런 임전무퇴이 정신이 정주영의 마음 한 복판에 자리 잡고 있었던 것입니다. 싸움에 임하면 물러서지 않는 것처럼 자신이 정한 목표를 이루기위해서는 물러남이 없어야합니다. 그것이 자신이 남보다 더 나은 길을 가고 싶은 희망을 이루는 비결입니다.

자신이 진정으로 성공적인 인생을 살고 성공한 인생으로 남고 싶다면 한 번 정한 먹이 감을 절대로 놓치지 않는 송골매처럼 투철한 신념으로 추진력 있게 밀고 나가기 바랍니다.

이는 정주영이 성공적인 인생이 될 수 있었던 두 번째 성공 비밀입니다.

정주영의 두 번째 성공멘토링

01 자신만이 이룰 수 있는 목표를 정하기 바랍니다. 사람은 누구나 그 사람만의 특기와 장점이 있지요. 그 특기와 장점을 최선의 노력으로 활용해야합니다. 그리고 꾸준히 실천하세요.

02 한번 정한 목표는 송골매처럼 강한 추진력으로 밀고 니가기 바랍니다. 송골매가 한번 정한 먹이 감을 놓치지 않는 깃처럼 자신이 정한 목표는 어떤 일이 있어도 이뤄내야합니다.

03 임전무퇴의 투철한 정신으로 무장하세요. 싸움에 나간 화랑도는 그 싸움에서 승리할 때까지 절대로 물러서는 법이 없었지요. 자신이 결정한 일은 그것을 성사시킬 때까지 계속 밀고 나가기 바랍니다.

불가능을 가능으로 바꾸는
능력을 길러라

불가능은 없다고 믿고 실행에 옮겨라

사람이 하는 일에 불가능은 없는 것일까? 라고 묻는다면 아니다, 인간의 힘으로는 어쩌지 못하는 것이 있다, 라고 말한다면 그는 성공적인 인생이 되는 것을 꿈꾸지 말아야합니다. 모든 성공은 나는 할 수 있다는 긍정적인 생각에서 출발하였고, 그 일을 이룰 때까지 그 생각은 바뀌지 않았으며 성공적으로 일을 끝내고 나서도 그 생각은 변함이 없었습니다. 오히려 성공에 대한 확신을 더욱 믿게 되었지요.

정주영은 매사를 긍정적으로 바라보고 긍정적으로 생각하고 긍정적으로 실행에 옮겼습니다. 그의 사전에는 불가능이란 아예 존재하지 않았습니다. 그에겐 오직 가능만이 있었지요. 맨 주먹으로도 얼마든지 배를 만들어냈고 자동차를 만들어냈습니다. 그가 이처럼 성공적인 신화가 될 수 있었던 것은 불가능을 믿지 않았기 때문입니다. 그에게 불가능은 한낱 바람에 뒹구는 낙엽만도 못한 것이었지요. 불가능을 믿는 건 자신을 무능한 사람으로 전락시키는 행위입니다. 그래서 불가능하다고 믿는 사람은 작은 일조차 제대로 성사시킬 수 없는 것이지요. 불가능을 믿지 마세요. 불가능의 꾐에 빠지지 말고 불가능하다고 믿는 것을 긍정적이고 능동적인 생각으로 바꾸기 바랍니다. 그렇게 될 때 몸도 마음도 긍정적인 인생으로 거듭나는 것이지요.

불가능을 가능으로 이끌어 내는 능력을 길러라

정주영은 조선 산업의 불모지인 대한민국에 조선소를 세우기로 결심을 하였습니다. 그가 조선소를 세우기로 한 이유엔 조국의 발전에 대한 간절한 열망이 있었기 때문인데 그 첫째 이유는 조선은 리스크가 큰 업종이긴 하지만 많은 이들에게 직장을 제공할 수 있고 많은 연관 산업을 일으킬 수 있는 종합 기계공업이기 때문이지요. 둘째는 외화가 필요했기 때문입니다. 현대는 해외진출로 외화를 벌었지만 리스크에 비해 규모가 작았지요. 그리고 오래전부터 조선소를 만들 계획을 세우고 있었습니다.

"현대건설은 종합 건설회사입니다. 기계, 전기기술자, 건축기술을 가지고 있습니다. 그렇다면 조선소를 한번 만들어 봅시다. 국내 기술로 몇 천만, 몇 억 달러짜리 배를 수주한다면 해외건설보다 오히려 안전할 것입니다."

이는 조선소를 세우기 위한 정주영의 간절한 마음이 담긴 말입니다. 그런데 정주영이 이런 마음을 굳힐 수 있었던 것은

"밥풀 한 알만한 근거라도 있으면 그것을 시발점으로 점점 크게 더욱 큰 것으로 만들어 내는 것이 나의 특기입니다."

라는 평소의 그의 지론 때문이었지요. 그랬습니다. 정주영은 작은 밀알을 수많은 열매가 되게 하는 탁월한 능력을 갖고 있었습니다. 그런데 그런 그의 마음을 읽어내고 알아주는 사람은 한 사람도 없었지요. 그래서 그는 늘 외로움의 결정을 내려야 했습니다. 왜냐하면 그의 생각이 때론 돈키호테와도 같아 도무지 상식적으로는 이해가 되지 않았기 때문이지요. 조선소를 세우기로 한 그의 발상 자체가 바로 그러했습니다. 그는 조선 산업엔 문외한이었지만 건설업을 하는 건설업자적인 발상으로 추진하려했던 것이지요. 그러니 주변 사람들이 그의

생각을 어찌 온당한 발상이라고 할 수 있겠는지요. 저절로 고개가 가로저어지는 일이지요. 하지만 놀랍게도 그가 마음먹은 일은 반드시 이루어졌던 것입니다. 이를 보더라도 그의 능력은 탁월하다 못해 그저 놀라움만 더 할 뿐이었지요.

정주영은 조선소를 건설하기 위해 차관이 필요했습니다. 장기저리 차관을 통해 조선소를 건설하기로 한 것이지요. 그는 차관과 기술력을 유럽에서 구하기로 계획을 세웠습니다. 그리고는 영국 런던으로 날아갔습니다. 그는 애플도어사의 회장을 만나 도움을 요청했지요. 애플도어사는 조선소건설을 위해 기술 협조 계약을 체결한 회사입니다. 애플도어사의 회장은 정주영의 요청에 난감한 표정을 지었습니다. 그 이유는 선주도 나타나지 않았고 한국의 상환능력과 잠재력에 대한 불신 때문이었지요. 정주영은 난감해 하는 애플도어사 회장 면전에서 주머니에 들어있던 500백 원짜리 지폐를 꺼내 테이블 위에 올려놓았습니다. 그리고는 돈에 그려진 거북선을 보여주며 우리나라는 1500년내에 이미 철갑선을 만들었다고 말하고는, 영국의 조선 역사는 1800년대이니 우리가 300년은 앞섰다고 주장하였지요. 다만 쇄국정책으로 산업화가 늦어진 깃뿐이시 아이니어가 녹슨 짓은 아니라고 거듭히여 주장하였습니다. 그러자 애플도어사 회장은 정주영의 말을 듣고 빙그레 웃었습니다. 그리고는 정주영이 버클레이은행으로부터 차관 도입을 실현 시킬 수 있도록 도움을 주었지요. 버클레이은행은 현대의 능력을 가늠하기 위해 직원들을 파견해 현대가 건설한 비료공장, 화력발전소, 시멘트공장 등을 조사하였습니다. 조사 후 버클레이은행은 가능성이 있다는 판단을 내렸지요.

정주영은 버클레이은행 중역 식당으로 초대되었습니다. 해외담당 총책임자인 부총재는 대뜸 정주영에게

"당신 전공이 뭡니까?"

하고 물었지요. 그러자 정주영은

"내 사업 계획서를 보았습니까?"

라고 물었고 그가 봤다고 말하자

"그 사업계획서가 내 전공입니다."

하고 말했습니다. 그리고는 이어 말하기를

"사실은 어제 옥스퍼드 대학에 그 사업계획서를 가지고 가서 학위를 달라니까 한번 들쳐보고는 두 말 없이 학위를 줘 어제 경제학 박사 학위를 받았습니다. 그 사업계획서가 내 학위 논문입니다."

라고 했지요. 그러자 웃음이 터져 나왔습니다. 그 유머로 분위기는 일순간 싹 바뀌었지요.

버클레이은행 부총재는 사업계획서를 수출보험 국으로 보내겠다고 약속을 했습니다. 왜냐하면 영국은행은 차관을 줄 때 영국 수출보증기구ECGD 총재의 보증을 받아야 했기 때문입니다. 차관해 간 나라에서 상환을 받지 못하면 영국 정부가 책임지고 보장해 준다는 보증이었습니다.

정주영은 버클레이은행의 소개로 수출보증기구 총재를 만났습니다. 총재는 모든 것을 다 인정한다면서도 한 가지 문제를 지저하며 밀했시요. 자신이 선주라면 해외 유수한 조선소를 놔두고 배를 만들어 본 경험이 없는 현대를 택하지 않겠다고 말입니다. 그러면서 그는 자신에게 배를 살 사람을 있다는 확실한 증명을 갖고 오라고 했습니다.

한 산을 넘으면 또 다른 산이 기다리고 있었고, 그 산을 넘으면 또 다른 산이 기다리고 있는 그야말로 첩첩산중이었지요. 그러나 정주영은 물러서지 않았습니다. 그에겐 불가능이란 없었기 때문이지요. 정주영은 자신에게 배를 사주겠다는 선주를 찾아야만 했습니다. 그러나 그에게 있는 건 조선소를 지을 백 사장을 찍은 사진이 고작이었습니다. 정주영은 그 사진을 들고 선주들을 찾아다니며 설득을 하기로 했지요. 그야말로 그는 현대판 봉이 김 선달이었습니다. 정주영은 다른 조선소보다 싸게 만들어주겠다고 선주들을 설득하기 시작했습니다. 그런 그의 행동은 합리적이고 논리적인 서양인 선주들에게는 한 마디로 어처구니가 없는 일이었지요. 하지만 그런 가운데도 정주영은 자신의 마음을 알아주는 한 선주를 만나게 되었습니다. 그는 그리스 거물 해운업자인 리바노스였습니다. 그는 26만 톤짜리 배 두 척을 주문해주었지요. 그리고는 계약금으로 우리나라 돈 14억 원을 지불해주었습니다.

그 후 정주영은 밤잠을 설쳐 가며 배 만드는 일에 총력을 기울였습니다. 그리고는 마침내 길이 270M, 높이 27M의 배를 만들어냈습니다. 이는 하나의 기적이었지요. 그는 자신 스스로가 너무도 대견하였습니다. 넘쳐흐르는 흥분을 감추지 못할 만큼 너무 좋아했지요. 그를 조롱하고 비웃고 무모한 짓이라며 손가락질을 했던 사람들에게 멋지게 갚아주었던 것입니다. 이를 계기로 현대는 세계제일의 조선 산업을 꿈꾸었고 드디어 세계제일의 조선소가 되었습니다.

꿈을 꾸는 것은 쉽습니다. 그러나 그 꿈을 실현시키는 것은 어렵습니다. 그러기에 꿈은 아무나 이룰 수는 없는 것이지요. 꿈을 이루기 위해서는 반드시 그 꿈을 이루겠다는 강한 신념과 믿음으로 밀고 나가야합니다. 그리고 불가능을 생각해서는 안 됩니다. 항상 할 수 있다는 마음으로 가득 차 있어야하지요. 정주영은 바로 그런 사람이었습니다.

때때로 그의 뜻이 너무 엉뚱하고도 확고하다보니 보통 사람들로서는 그의 뜻을 잘 이해하지 못할 때가 많았습니다. 그런데 그것이 대개의 사람들과 다른 그만의 장점이었습니다.

자신을 믿는 사람이 되라

자신이 자신을 믿는다는 것은 참으로 중요합니다. 자칫 이 말을 오해할 수도 있어 하는 말인데 오만 하라는 것이 아닙니다. 자신의 일에 최선을 다하고 부끄럽지 않도록 하라는 말이지요. 자신이 자신을 믿는 것처럼 행복한 것은 없습니다. 그것은 자신에 대한 최고의 찬사이기도 하지요. 그런데 자신을 믿지 못한다면 얼마나 마음 아픈 일일까요. 대개의 사람들은 자신의 것보다는 남의 것에 더 많은 관심을 보이고 닮기를 원하지요. 이는 곧 자신을 스스로 믿지 못하기 때문에 생기는 일입니다. 이런 사람들은 주체성이 없지요. 그래서 늘 남의 것을 흉내만 내려고 합니다. 이런 사람들에게 창의력을 기대할 수 없습니다. 한창 꿈의 밭을 일구는 청소년들은 자신에 대해 스스로 믿을 수 있도록 해야합니다. 그렇지 않으면 개성도 없고 주체성이 결여된 채 살아갈 수밖에 없습니다.

성공한 인생들은 자신만의 개성이 있고 주체성이 뚜렷하지요. 남의 것을 참조하여 새로운 것을 만들어 낼 줄 압니다. 하지만 남의 것을 그대로 흉내 내는 것을 좋아하지 않습니다. 그것을 매우 수치스럽게 여기지요. 이런 강한 주체성이 그 사람을 성공적인 인물이 되게 하는 것입니다.

"언제나 그랬듯이 스스로 포기하지 않는 이상 방법이 있게 마련이라는 자신감과 낙관적인 사고방식을 가져야합니다."

이는 정주영이 맨주먹으로 허허벌판 백사장 사진을 들고 세계제일의 조선소를 만들어내고 한 말입니다.

정주영은 절망을 모릅니다. 그래서 그는 패배를 인정하지 않습니다. 패배자가 되는 것은 인생의 수치라고 여겼습니다. 그래서 그는 실패를 두려워하지 않았지요. 실패를 두려워하는 순간 그 일은 이미 실패한 것이라고 믿었던 것입니다.

불가능을 가능으로 이끌어 내는 탁월한 선택의 능력을 기르세요. 이것이 정주영이 성공할 수 있었던 세 번째 성공비밀입니다.

정주영의 네 번째 성공멘토링

01 불가능은 없다고 믿고 실행하기 바랍니다. 불가능은 가능한 모든 일도 비관적으로 만들어버리지요. 불가능을 경계하세요.

02 불가능을 가능으로 이끌어 내는 탁월한 능력을 길러야합니다. 이것이 성공으로 가는 비밀이니까요.

03 자신을 믿는 사람이 되기 바랍니다. 스스로 자신을 믿지 못하면 그 어떤 것도 성공적으로 이끌어 낼 수 없습니다. 자신을 믿고 개성적으로 창의적으로 실행해야합니다.

남들이 기적이라고 믿는 것을
당연한 일로 이끌어내라

기적을 믿기보다는 자신의 노력을 믿어라

정주영은 기적을 믿지 않았습니다. 그는
"종교에는 기적이 있을 수 있겠지만 정치와 경제에는 기적이
있을 수 없다고 나는 생각합니다."
라고 말했지요.

이 말의 의미는 경제는 기적으로 이루는 것이 아니라 아이디
어를 내고 땀 흘리며 실천할 때만 가능하다는 것이지요. 역시
기업인다운 발상입니다.

그런데 많은 사람들은 기적을 바라고 요행을 바라지요. 로또
가 당첨 되었으면 좋겠다, 하늘에서 돈비가 내렸으면 좋겠다

는 등 현실적으로 가능성이 희박한 생각으로 가득 차 있습니다. 이런 생각은 자신이 충분히 할 수 있는 것도 못하게 하고, 가능성 있는 일도 부정적으로 만들어 버려 수동적이고 비현실적인 사람으로 만들지요.

사람은 누구에게나 그 사람만의 정점이 있습니다. 요행을 바라고 기적을 바라는 마음은 이런 장점을 쓰레기처럼 만들어 버리지요. 정주영은 그것을 진주에 간파하고 땀 흘리고 노력하는 것을 진정한 일로 여겼습니다. 그래서 그는 어떻게 되겠지, 그렇게 됐으면 좋겠다, 는 등의 불확실한 말들을 싫어했지요. 그 반면에 하면 된다, 나는 꼭 할 수 있다, 는 등의 확실성 있는 말들을 좋아했습니다. 그리고 그런 생각을 가진 사람들을 좋아했지요.

정주영은 "기적은 종교에서나 있는 일이다." 라고 했지만 종교에서도 기적은 그냥 이루어지지 않습니다. 자신의 원하는 목표를 위해 정성어린 마음으로 기도하고 노력해야 이루어지는 것입니다. 이 세상에 그저 되는 것은 아무것도 없습니다.

허황된 꿈과 헛된 생각을 버리기 바랍니다. 그것은 단지 쓸데없는 공상에 불과할 뿐이지요. 자신이 진정으로 자신의 목표를 이뤄 성공한 인생이 되고 싶다면 목숨을 거는 사세로 자신이 하고자 하는 일에 최선을 다해야합니다. 높이 나는 새가 멀리보고 일찍 일어나는 새가 먹이를 먼저 차지하는 법이니까요.

허황된 꿈과 헛된 생각을 날려버려라

이 세상 그 어디에도 저절로 되는 것은 아무 것도 없습니다. 작고 보잘 것 없는 것도 다 과정이 있고 그 과정마다 노력과 수고가 뒤따라야합니다. 그렇지 않고서는 작은 결과물도 얻을 수 없는 것이 세상의 법칙이지요. 정주영은 이를 너무도 잘 아는 까닭에 허황된 꿈과 헛된 생각을 멀리하고 보다 구체적이고 실제적인 일에 관심을 집중시켰습니다. 그는 가난한 농부의 장남으로 태어나 어렸을 적부터 논일은 물론 밭일을 하며 아버지를 도와야했지요. 그런데 농사라는 것은 씨를 뿌리는 만큼 거두는 것으로(물론 장마나 가뭄 등의 천재지변으로 인해 종종 어려움을 겪기도 하지만) 매우 실제적이고 실존적인 일이 아닐 수 없습니다. 정주영은 농사를 지어 본 경험상 농사는 허황된 것이나 헛된 생각으로 지을 수 없다는 것을 너무도 잘 알았지요.

경험은 참 중요한 것입니다. 경험은 학문적인 이론이 아니라 실질적이며 구체적인 것이지요. 이런 경험들이 정주영에겐 산 교육이 되어 그의 생각을 현실적이고 실체적으로 정립시켰던 것입니다. 이러한 그의 생각은 그가 할 수 있다고 믿는 것은 그 것이 무엇이든 다 이루어 내게 한 원동력이었습니다.

경부고속도로를 건설할 때 일입니다. 그 당시 우리나라에는 고속도로가 없었던 관계로 국토의 대동맥이라는 고속도로 건설이 절실하게 필요했지요. 이에 대해 많은 사람들의 반대가 있었지만 그 필요성을 잘 알고 있던 박정희 대통령은 반대를 무릅쓰고 경부고속도로 건설을 지시했습니다. 현대는 고속도로 건설비 산출을 맡았는데 정부는 현대가 낸 건설비 책정액의 10%를 예비비로 추가해 430억을 총 건설비로 책정했지요.

1968년 2월 1일, 드디어 경부고속도로의 기공식이 열렸습니다. 총 길이 428Km의 고속도로를 3년 안에 건설한다는 것은 국가나 기업이나 대단한 모험이었지만 실행으로 옮긴 것입니다. 정주영은 공사기간을 단축하는 것이야말로 돈을 버는 것이라는 생각을 하고는 현장을 독려하는 전략을 세웠지요. 그는 고속도로 건설을 위해 당시로써는 막대한 돈인 800백만 달러어치의 중장비 1400대를 도입했습니다. 그리고 그는 작업 현장에 긴이침대를 갖다 놓고 작업을 독려했지요.

정주영은 잠을 잘 수가 없었습니다. 그 일은 정주영에겐 그 어떤 일보다도 소중한 일이었습니다. 그는 지프차를 타고 이곳저곳을 누비고 다니는 동안 틈틈이 쪽잠을 잤지요. 그 결과

목 디스크에 걸려 한동안 고생을 해야만 했습니다.

어려운 가운데서도 일은 순조롭게 진행되었는데 옥천공구의 당제터널 공사가 난공사였습니다. 옥천공구는 워낙 지세가 험한데다가 지층이 경석이 아닌 절암토사로 된 퇴적층이라 굴을 파기가 매우 힘들었지요. 작은 충격에도 흙더미가 와르르 무너져 내렸던 것입니다. 낙반사고도 빈번히 일어나 인명피해와 물적 피해가 이만저만이 아니었습니다. 공사 진도도 하루에 겨우 2M정도였고, 더 나쁜 날은 30Cm에 불과했습니다. 무려 열세번의 낙반 사고를 겪었고 공기를 두 달밖에 안 남겼는데도 당제터널 상행선은 총길이 590M 중 350M에 머물러있었지요. 이는 무척 염려스러운 일이었습니다. 정부에서도 독촉이 이만저만이 아니었지요. 비상체제에 들어갔습니다.

정주영은 흑자를 포기하고 명예를 선택했습니다. 보통시멘트보다 20배나 빨리 굳는 조강시멘트생산에 전력을 투구하였지요. 터널현장에서 단양시멘트공장까지는 200Km 거리인데 대대적인 수송 작전을 펼치고 작업조도 2개조에서 6개조로 늘려 최선의 노력을 다했습니다.

'하늘은 스스로 돕는 자를 돕는다.' 는 말처럼 그의 끈질긴 노력은 25일 만에 공사를 완공시키는 놀라운 결과를 이뤄냈습니다. 그래서 그런 업적을 기념하여 추풍령에 기념비를 세웠습니다. 기념비엔 이런 글귀가 쓰여 있습니다.

'우리나라 재원과 우리나라 기술과 우리나라 사람의 힘으로 세계 고속도로 건설사상 가장 짧은 시간에 이루어진 길'

정주영은 남들이 기적이라고 믿는 것을 한 번도 기적이라고 믿지 않았습니다. 그는 최선의 노력을 다하면 그 어떤 일도 이룰 수 있다고 믿는 강한 신념의 소유자였지요.

현실을 직시하는 눈을 길러라

성공한 사람들의 특징 가운데 하나는 그들은 현실을 읽어내는 눈이 탁월했다는 것입니다. 현실을 바로 본다는 것은 자신이 하는 일에 대해 그만큼 정확하게 예측하는 장점으로 작용하기 때문이지요. 정주영이 현실을 정확히세 싶어내는 능력은 타에 추종을 불허했지요. 그의 현실을 식시하는 눈은 대한민국 기업인들 중 단연최고였습니다.

현실을 바로보고 정확한 판단을 내리는 능력이야 말로 기업인이 지녀아할 사상 바람직한 자세입니다. 이처럼 현실을 바로 보는 눈은 기업인들뿐만 아니라 회사원, 교사, 공무원 등 누구에게나 필요한 삶의 자세이지요.

현실을 직시하는 눈을 기르기 위해서는 천성적으로 타고 나야하지만 풍부한 독서를 하고, 신문과 뉴스를 보고, 깊은 사색을 통해서입니다.

요즘 청소년들은 책 읽기를 싫어하고 사색하는 것을 즐기지 않는 것 같습니다. 이런 원인이 입시교육으로 인한 것이기도 하지만 각종 게임을 비롯해 단순한 놀이를 좋아하기 때문이지요. 뿐만 아니라 듣는 귀는 약하고 말하는 것에만 관심을 두기 때문입니다. 그러다 보니 남의 얘기를 진득하게 경청하지 못합니다.

이런 잘못된 생활 자세를 고치게 된다면 더 나은 자신의 삶으로 나아갈 수 있을 것입니다.

자신이 원하는 분야에서 성공적인 인생이 되고 싶다면 현실을 직시하고 남들이 기적이라고 믿는 것도 당연한 일로 이끌어내기 바랍니다.

이는 정주영이 들려주는 네 번째 성공비밀입니다.

정주영의 네 번째 성공멘토링

01 기적을 믿기보다는 자신의 노력을 믿으세요. 기적이나 요행을 바라게 되면 자신에게 있는 능력까지 떨어뜨릴 수 있습니다. 자신의 능력을 최대한 계발시키는 노력을 멈추지 말기 바랍니다.

02 허황된 꿈과 헛된 생각을 버리세요. 허황된 꿈과 헛된 생각은 자신을 무능력한 사람으로 만들 수 있습니다. 이를 경계해야합니다.

03 현실을 직시하는 눈을 길러야합니다. 무슨 일을 하던 현실을 정확하게 판단하는 눈이 밝아야 자신이 하는 일을 성공적으로 이끌어낼 수 있습니다. 많은 독서를 하고 신문과 뉴스 보는 것을 즐기세요. 세상을 보는 상식의 깊이가 현실을 직시하는 힘을 길러줍니다.

나의 사전에 실패란 없다고
믿고 행하라

실패의 두려움에서 벗어나라

대개 사람들은 새로운 일을 시도 할 때 실패의 두려움에 빠져 있다는 것을 알 수 있습니다. '이번에 하는 일이 잘 안되면 어떡하지?', '이번 시험을 망치지 말아야 하는데.' 하는 생각으로 가득 차 있지요.

그런데 분명히 알아야 할 게 있습니다. 성적이 좋은 아이들은 '이번 시험을 망치면 어떡하지?' 하는 어처구니없는 걱정 따위는 안합니다. 그런 걱정을 하는 시간에 단어 하나를 더 외우고 한 문제라도 더 풀지요. 또한 성공적인 삶을 사는 사람들은 '이번에 하는 일이 잘 안되면 어쩌지.' 하는 생각 대신 '

이번일도 잘 될 거야.' 라고 생각하며 잘 될 수 있는 방안 찾기에 골몰합니다.

이를 생각의 차이라고 하는데 긍정적인 사고를 갖느냐 부정적인 사고를 갖느냐에 따라, 자신이 하는 일에 있어 엄청난 결과를 가져오지요.

실패는 사람이라면 누구나 하는 일상직인 일에 불과합니다. 사람들은 실패를 통해 더욱 성숙한 삶을 살게 되는데, 이는 실패는 값진 교훈을 가져다주기 때문이지요. 사람들은 실패의 교훈을 통해 자신이 어떻게 해야 하는지를 가늠하고 새로운 방법을 모색하게 됩니다. 그런데 실패 없는 삶을 살려고만 한다면 실패가 주는 인생의 참 교훈을 알 수 없지요. 그래서인지 성공한 사람들은 대개 실패의 쓴잔을 많이 맛본 사람들입니다. 어떻게 보면 아이러니라고 할 수도 있지만 그만큼 실패는 성공하는데 있어 필요의 어머니인 것입니다.

실패를 두려워하지 않는 청소년이 되기 바랍니다. 혹여 실패가 와도 좌절하지 말고 두려워하지 마세요. 실패의 다른 이름은 성공의 디딤돌입니다.

나의 사전에 시련은 있으나 실패는 없다고 생각하라

이 말은 정주영의 좌우명과도 같은 말이지요. 시련은 있으나 실패는 없다, 는 말처럼 자신감 넘치는 말이 어디 또 있을까요. 정주영은 그만큼 자신이 하는 일에 대해 긍지와 자신감이 차고 넘쳤습니다. 이런 강한 자부심이 그에게 큰 정신적 안정감을 주었던 것이지요. 이런 정신적 안정감은 어떤 일을 하는데 있어 능동적이고 긍정적인 생각을 갖게 합니다. 그래서 웬만한 시련에도 굴복하지 않고 어지간한 실패는 실패로 여기지도 않지요.

정주영은 사람들이 쉽게 포기하고 쉽게 좌절하는 것에 비해 의지가 매우 강했습니다. 바로 이런 점이 정주영을 실패에 떨지 않는, 실패를 우습게 여기는 진정한 인생의 승리자가 되게 했던 것입니다.

정주영은 대구와 거창을 연결하는 고령교 복구공사를 맡게 되었습니다. 이 공사는 1950년대 초 까진 정부 발주공사로는 최대 규모였지요. 그래서 정주영은 기대에 들떠있었지요. 그러나 기대와 달리 공사는 처음부터 난항이었습니다. 교각은 기초만 남아있었고, 6 · 25 전쟁으로 파괴된 상부 구조물은 그대로 강물에 잠겨있었지요. 더구나 장비라고는 20톤짜리 크레인 한 대와 믹서기 한 대, 컴프레서 한 대가 고작이었습니다.

공사를 착공한지 1년이 지나도록 교각 한 개도 세우지 못했습니다. 물살이 세고 홍수로 인해 어려움이 많았지요. 게다가 정주영을 더 힘들게 한 것은 천정부지로 오른 물가 때문에 자금 압박을 받은 것입니다. 물가가 공사를 시작할 때보다 무려 120배나 올랐지요. 미군이 발주한 공사에서 벌어들인 돈을 몽땅 다리복구공사비로 썼습니다.

회사의 재정은 바닥이 났습니다. 임금도 밀려 근로자들의 불평불만이 이만저만이 아니었습니다. 대책이 필요했지요. 정주영은 자신의 집은 물론 동생들의 집과 매제의 집을 처분하여 돈을 마련하였습니다. 돈을 버는 게 아니라 회사의 재정을 바닥내고 집까지 처분한 끝에 가까스로 고령교 복구공사를 끝마쳤습니다.

정주영이 겪은 시련은, 시련치고는 너무나 가혹했습니다. 그는 사업은 망하더라도 신용은 잃어서는 안 된다는 확고한 인생철학을 실행에 옮겼던 것입니다. 그는 비싼 수업료를 내며 인생공부와 사업공부를 했노라 여겼지요. 그러자 실패했다는 생각이 그의 마음속에서 사라져버리고 더욱 강인한 신념을 갖게 되었습니다.

정주영은 이렇게 말했습니다.

"이것은 시련이지 실패는 아닙니다. 내가 실패라고 여기지 않는 한 이것은 실패가 아닙니다. 나는 생명이 있는 한 실패를 믿지 않습니다. 내가 살아 있고 건강한 이상 나에게 시련은 있을지언정 실패는 없습니다."

참으로 멋지고 생동감 넘치는 말이 아닐 수 없습니다.

항상 인생을 낙관적으로 생각하라

정주영은 항상 인생을 낙관적으로 생각했습니다. 이런 낙관적인생각은 사람을 능동적이고 긍정적으로 만들지요. 그래서 시련이 파도처럼 밀려오고 고통이 산처럼 높이 쌓여도 쓰러지는 법이 없습니다. 오히려 그것을 친구삼아 새로운 길을 모색하는 지혜를 발휘했지요.

삶을 즐기고 긍정적으로 바라보는 마음은 참으로 소중합니다. 정주영은 고령교 공사에서 진 빚을 갚는데 장장 20년이 걸렸지만 결코 억울해하거나 아까워하지 않았습니다. 그는 그 일을 통해 두 번 다시는 그런 어처구니없는 일을 겪은 적이 없었지요.

"낙관합시다. 긍정적으로 살아야합니다."

정주영은 낙관적이고 긍정적인 사고방식으로 무장하여 모든 역경을 물리치고 성공적인 인생이 되었던 것입니다.

대한민국 청소년들이여, 자신들이 정녕 성공적으로 인생을 살고 싶다면 '나의 사전에 시련은 있으나 실패는 없다'는 강한 믿음을 갖고 실천하기 바랍니다.

이것이 정주영이 성공적인 인생이 될 수 있었던 다섯 번째 성공비밀입니다.

정주영의 다섯 번째 성공멘토링

01 실패의 두려움에서 벗어나기 바랍니다. 실패는 사람이라면 누구나 하는 일상적인 일에 불과하지요. 사람들은 실패의 교훈을 통해 자신이 어떻게 해야 하는지를 가늠하게 되고 나아가 새로운 방법을 모색하게 됨으로써 성공에 이르게 되지요. 실패의 다른 이름은 성공의 디딤돌입니다.

02 나의 사전에 시련은 있으나 실패는 없다고 생각하세요. 이런 강한 자부심은 정신적 안정감을 주지요. 정신적 안정감은 어떤 일을 하는데 있어 능동적이고 긍정적인 생각을 갖게 합니다. 그래서 웬만한 시련에도 굴복하지 않고 어지간한 실패는 실패로 여기지 말아야합니다. 이런 강한 자신감이 성공적인 인생이 되게 하지요.

03 항상 인생을 낙관적으로 생각하기 바랍니다. 낙관적인생각은 사람을 능동적이고 긍정적으로 만들지요. 그래서 시련이 파도처럼 밀려오고 고통이 산처럼 높이 쌓여도 쓰러지는 법이 없습니다. 오히려 그것을 친구삼아 새로운 길을 모색하는 지혜를 발휘하게 되는 것이지요.

상황에 따른 대처능력을 길러라

상황을 꿰뚫어보는 능력을 길러라

성공적인 인생들은 상황을 꿰뚫어보는 능력이 뛰어났습니다. 상황을 제대로 꿰뚫어 본다는 것은 자신에게 주어진 일을 해나가는데 있어 큰 도움이 되지요. 왜냐하면 자신이 하는 일에 대한 분석과 전망에 대한 예측은 물론 예고 없이 발생하는 갑작스러운 일에 대해서도 능동적으로 대처할 수 있는 힘이 되어주기 때문이지요. 이런 상황판단능력은 태어날 때부터 타고 나는 선천적인 영향이 강하지만 학습훈련을 통해 얼마든지 기를 수 있습니다.

상황판단능력을 다른 말로는 감이라고 하지요. 감이 좋다,

감이 나쁘다는 말은 바로 이러한 상황판단능력을 말합니다. 예를 들어 축구에서 명골키퍼와 보통의 골키퍼의 차이는 연습을 얼마나 많이 했느냐에 의해서 가려지는 게 당연한 것이지만 타고난 감에 의해서 더한층 분명하게 드러나지요. 하지만 선천적으로는 감이 떨어지더라도 꾸준한 연습을 하다보면 감각이 발달하게 되고 그것은 곧 몸에 잘 맞는 옷처럼 자연스러워지지요.

유능한 펀드 매니저는 풍부한 경험을 통해 길러지고 그러한 반복경험을 통해 감각을 익히게 되어 더욱 더 감을 높이게 되는 것입니다.

선천적인 상황판단능력이나 후천적으로 습득한 감이 현실을 바로 보는데 있어 매우 중요한 것은 성공적인 인생이 되느냐 그러지 못하느냐에 매우 중요한 역할을 하기 때문이지요.

정주영은 상황판단능력이 매우 뛰어났는데 그의 이런 능력은 천성적으로 타고난 것이지요. 그랬기에 정주영은 기업을 경영하면서 크고 작은 일에서 그 누구도 견줄 수 없는 탁월한 감으로 위기를 기회로 만들었고, 결국엔 성공으로 이끌어냈지요. 그의 탁월한 능력은 사람들에게 깊은 영향을 주었고, 이는 정주영을 보통사람들과 구별 짓는 잣대가 되기도 하지요.

센스 있는 임기응변은 위기를 기회로 만든다

정주영은 어떤 상황에 대처하는 능력이 매우 탁월하다고 앞에서 밝혔습니다. 그에 대한 많은 일화가 있지만 그중 두 가지만 살펴보기로 하지요.

한국전쟁 때 일입니다. 미국 대통령 당선자인 아이젠하워가 대통령 취임 전인 1월에 한국을 방문한 일이 있습니다. 그런데 전쟁으로 모든 것이 파괴된 상태라 서울에 그가 묵을 만한 마땅한 숙소가 없었습니다. 그러자 미8군에서는 운현궁을 숙소로 결정하고 수세식 화장실 설치와 보일러 난방 장치 시설 및 내부인테리어를 현대에 의뢰하였지요.

공사시한은 15일이었습니다.

미8군 관계자는 공사기일을 지켜 제대로 해놓으면 공사비의 두 배를 보너스로 주겠다고 제시하였지요. 정주영은 그때까지만 해도 양변기가 어떻게 생겼는지 한 번도 본적이 없었습니다. 그러나 정주영은 무조건 사인부터 하였습니다. 그러고 나서 그는 곧바로 인부들을 데리고 용산으로 갔지요. 그는 피난으로 비어있는 고물상을 산산이 뒤지기 시작했습니다. 그리고 눈에 띄는 대로 보일러 통, 파이프, 세면대, 욕조, 양변기들을 실어다 즉시 공사에 들어갔습니다. 하루 24시간을 쉬지 않고 10일 동안 꼬박 일을 한 끝에 공사를 끝냈지요. 그런데 문제가 발생했습니다. 시운전 도중 보일러 라디에이터에서 증기가 새어나와 실내전체를 구름 속에 파묻힌 것처럼 만들어 버렸지요. 정주영은 즉시 문제점 파악에 들어갔고 이틀 만에 완벽하게 완성시켰습니다. 이를 본 미8군 관계자는 "현대 넘버원!"이라고 외치면서 약속대로 두 배의 공사비를 주었지요.

정주영은 한 번도 본적이 없는 양변기 설치와 보일러 공사를 위해 용산에 있는 고물상을 뒤지는 순발력을 발휘했던 것입니다. 그 누구도 생각지 못한 그만의 일이었습니다.

미8군 관계자는 정주영이 첫 번째 일을 성공적으로 해내자 또 다른 제의를 했습니다. 아이젠하워가 부산에 있는 유엔군 묘지를 방문하는데 묘지단장을 맡아달라고 했지요. 그것도 엄동설한에 말입니다. 참으로 기상천외한 주문이었습니다. 하지만 이번에도 정주영은 흔쾌히 사인을 했습니다. 그를 지켜보는 회사임직원들은 당황해 하였지만 그는 아주 태연자약했습니다.

정주영은 매제인 김영주를 시켜 낙동강 인근을 샅샅이 뒤져 보리밭을 통째로 사서 파란보리들을 떠다 유엔군 묘지에 심으로고 지시했습니다. 일은 일사천리로 진행되었지요. 그러자 황량하기 그지없던 유엔군 묘지가 파랗게 단장되었습니다. 그것을 본 미8군 관계자는 연신 "원더풀! 베리 굿!" 하며 기쁨을 감추지 못했지요. 그리고 약속대로 공사의 세배를 보너스로 받았습니다.

두 가지 일화에서 보듯 정주영의 센스는 놀랍도록 탁월했습니다. 그의 상황판단에 대처하는 임기응변은 혀를 내 두를 만큼 뛰어났던 것이지요.

정주영처럼 기업을 경영하던 그 무엇을 하던 간에 그때그때 주어지는 상황에 대처하는 능력이 좋아야합니다. 이는 창의적 아이디어로써 매우 요긴하게 활용되어지기 때문이지요.

정주영의 기발하고 기상천외한 상황대처능력은 그가 성공의 길을 가는데 매우 중요하게 작용했던 것처럼 자신에게 주어진 일은 어떤 상황에서도 반드시 헤낼 수 있는 능력을 실러야합니다.

"머리는 쓰라고 있는 것입니다. 내 머리는 생각하는 머리입니다."

이는 정주영이 주변 사람들에게 즐겨하던 말인데 매우 의미 있는 말이 아닐 수 없습니다.

자신이 맡은 일에 끝까지 책임지는 자세를 길러라

자신이 맡은 일에 끝까지 책임을 지는 자세가 필요합니다. 끝까지 책임지는 자세는 상대방에게 믿음을 주고 자신을 신뢰하게 만들지요.

현대인들은 과거에 비해 책임감이 다소 떨어지는 것 같습니다. 그 반면에 자기가 챙길 것은 꼭 챙기려고 하지요. 이는 개인주의 성향이 강하다보니 자신도 모르는 사이에 의식화되었기 때문입니다. 그러나 책임감을 잃어서는 안 됩니다. 자신에게 주어진 일에 책임을 지지 않는다면 그 일을 다른 누군가가 해야 하는데 어느 누구도 자신의 일을 놔두고 남의 일을 떠맡아 하려들지 않습니다. 복잡한 사회구조 속에서 책임져야 할 일은 점점 늘어만 가는데 자신의 일에 책임을 소홀히 한다는 것은 자신은 물론 자신이 속한 직장이나 사회에 대한 직무유기입니다.

정주영은 이런 관점에서 볼 때 한 점 부족함 없는 삶을 살았습니다. 그는 자신에게 주어진 일은 물론 자신이 한 약속에 대한 것은 무슨 일이 있어도 책임지고 성공적으로 완수하였지요. 이런 적극적이고 깔끔한 일처리는 많은 기업과 사람들에게 믿음을 주었습니다.

책임감이 투철한 정주영을 싫어 할 사람은 없었지요. 그랬기에 정주영은 기업의 생명인 신뢰를 튼튼하게 구축하여 성공적인 인생이 되었습니다.

자신이 미래에 성공하고 싶다면 상황에 따른 대처능력을 철저하게 기르기 바랍니다.

이는 정주영의 여섯 번째 성공비밀입니다.

정주영의 여섯 번째 성공멘토링

01 상황을 꿰뚫어보는 능력을 기르기 바랍니다. 상황을 제대로 꿰뚫어 본다는 것은 자신에게 주어진 일을 해나가는데 있어 큰 도움이 되지요. 왜냐하면 자신이 하는 일에 대한 분석과 전망에 대한 예측은 물론 예고 없이 발생하는 일에 대해 능동적으로 대처할 수 있는 힘이 되기 때문입니다.

02 센스 있는 임기응변은 위기를 기회로 만들지요. 기업을 경영하던 그 무엇을 하던 간에 그때그때 주어지는 상황에 대처하는 능력이 좋아야합니다. 이는 창의적 아이디어로써 매우 요긴하게 활용되어지기 때문이지요.

03 자신이 맡은 일에 끝까지 책임지는 자세를 기르세요. 끝까지 책임지는 자세는 상대방에게 믿음을 주고 자신을 신뢰하게 만듭니다. 이는 책임감이 더욱 요구되는 현대사회에서 반드시 갖추어야 할 성공인의 덕목입니다.

개척자 정신을 길러라

투철한 개척자 정신을 길러라

세계 최고의 강대국인 미국!

미국은 정치, 경제, 군사력, 과학, 의학, 문화 등 모든 분야에서 전 세계의 일등 국가를 자처함은 물론 전 세계가 인정하는 나라지요. 이러한 미국은 수천 년의 역사를 지닌 나라노 아니고 불과 몇 백 년도 안 되는 짧은 역사를 가진 나라입니다. 그런데 어떻게 해서 수천 년의 역사를 가진 우리나라나 인도 이집트 중국 같은 나라를 뛰어넘고 초강대국이 될 수 있었을까요. 그것은 미국을 세운 사람들이 개척자 정신이 뛰어난 앵글로 섹슨 족인 청교도들이기 때문입니다. 이들은 모험심과 탐구심이 강하고 신앙적인 믿음이 두터워 두려움을 몰랐습니다. 그들은 아메리카인디언들을 몰아내고 교회를 세우고 학교를 세웠습니다.

그들은 엄숙하고 절제 있는 믿음생활을 통해 경건한 삶을 지향했고, 사람은 배워야 한다는 교육이념이 투철했지요. 그들이 지닌 강한 개척정신은 바로 교회와 학교에 있었습니다. 그들의 강한 개척자 정신은 짧은 기간 내에 미국을 전 세계에서 가장 부유하고 가장 강한 초일류국가가 되게 했던 것입니다.

정주영 역시 불굴의 개척자 정신을 유난히 강조했고, 그것을 신념으로 여겼습니다. 그는 개척자 정신의 신봉자처럼 개척자 정신을 역설하였지요.

"우리는 미국인들이 서부를 개척한 것처럼 우리 힘만으로 하나하나를 개척해 왔고, 시장 확대 역시 치열한 경쟁을 통해서 정정당당하게 해 왔습니다."

그가 한 말에서 보듯 정주영은 한마디로 불굴의 개척자입니다. 그는 자신의 말처럼 개척자 정신을 근본으로 하여 현대를 탄생시켰고 반반세기 만에 초일류 기업으로 키워내는 탁월한 창조적 리더십을 발휘하였습니다. 그는 열사의 땅 아프리카에서도 겨울코트를 팔고 구두를 팔고 털모자를 팔고, 알

레스카에 냉장고를 팔고 에어컨을 팔 수 있는 능력을 갖춘 사람입니다.

한 마디로 정주영은 시대가 낳은 뛰어난 개척자 정신의 소유자였습니다.

개척자 정신은 창조적 에너지의 원천이며 불굴의 신념의 소산이지요. 개척자 정신을 마음에 품고 무장하기 바랍니다.

시도하라, 그리고 반드시 뜻을 이루어라

자신의 인생에 있어 승리의 주역이 되고 싶다면 자신이 하고자 하는 일에 두려워하지 말고 망설이지도 말고 시도하기 바랍니다. 시도 하지 않으면 손톱만한 것도 결코 이룰 수 없습니다. 가만히 있는데 이루어지는 것은 어디에도 없지요.

시도한다는 것은 새로움으로 나아간다는 것입니다. 지금보다 더 새롭게 지금 보다 더 넓고 더 높게 나아간다는 것을 의미합니다. 자신의 인생을 성공이란 금자탑으로 쌓아올린 사람들은 시도하는 것을 즐겼습니다. 억지로 하는 것이 아니라 누가 시켜서 하는 것도 아닌, 자신 스스로 알아서 시도했던 것입니다.

정주영은 모든 것을 스스로 결정하고 시도하는 일에 매우 능통했습니다. 가난한 집안의 장남으로 태어나 어린 시절부터 아버지를 도와 농사일을 해야만 했습니다. 그의 아버지는 농사만이 가난을 해결할 수 있는 유일한 길이라고 믿었고 장남인 정주영이 자신의 뒤를 이어 농사를 지어주길 기대했지요. 이러한 환경 속에서 어린 시절을 보내야만 했던 정주영은 독립심이 강하고 남에게 의존하는 마음은 추호도 없었습니다. 그는 세상에서 믿을 수 있는 것은 오직 자신뿐이라고 생각했지요. 그래서인지 그는 모든 것을 자신의 입장에서 생각하고 시도하는데 매우 익숙했습니다.

정주영은 농사를 지어서는 미래가 없다는 것을 알고 네 번이나 가출한 끝에 자신의 의지대로 세상과 맞섰습니다. 바닷가 부두 노동자를 시작으로 하여 쌀가게 배달꾼을 하면서도 그에겐 거대한 꿈이 있었습니다. 그 꿈을 이루기 위해서는 자신에게 주어진 일은 반드시 시도해서 성공으로 이끌어내야한다는 것을 잘 알고 있었지요.

정주영은 신의와 정직함, 근면함과 성실함을 바탕으로 열심히 일한 끝에 쌀가게 주인에게 신임을 얻고 쌀가게를 인수하여 운영하게 되었습니다. 그는 주먹구구식이 아닌 단골들의 소비 성향을 분석하여 그에 맞는 맞춤식 운영을 하였지요. 그 결과

더 많은 단골들을 확보할 수 있었고 그의 방식은 고객들에게 굳은 믿음을 심어주었습니다.

그러나 불행하게도 일본과 중국의 전면전으로 인해 일본은 정미소와 쌀가게 대해 금지령을 내렸습니다. 정주영은 어쩔 수 없이 쌀가게에 문을 닫고 전혀 경험이 없는 자동차정비소를 인수하였습니다. 그런데 종업원의 실수로 공장이 불에 나고 말았습니다. 그러나 그는 좌절하지 않았습니다. 아니 좌절할 수가 없었습니다. 왜냐하면 그의 가슴엔 소중한 꿈이 불타고 있었기 때문입니다.

정주영은 빈주먹이었지만 평소에 쌓아놓은 신용을 바탕으로 해서 돈을 빌려 또다시 자동차수리공장을 세웠습니다. 그의 열정적인 노력으로 자동차수리공장은 번창하였습니다. 하지만 이번에도 일본의 전쟁으로 인해 자동차수리공장은 문을 닫게 되었지요.

광복이 되자 정주영은 현대자동차공업사를 차렸습니다. 그 후 정주영은 현대자동차와 현대토건사를 합병하여 현대건설 주식회사를 장립하였지요.

정주영은 창조적 도전정신으로 승승장구 하며 자신의 능력을 맘껏 발휘하였습니다. 그 결과 그는 대한민국서국이래 가장 탁월하고 가상 독보적인 기업인으로 우뚝 섰던 것입니다.

정주영이 지나온 지난날은 새로움에 대한 도전과 모험을 끝없이 시도한 창조적 도전의 시대였습니다. 그랬었기에 그는 무에서 유를 창출했고 그 누구라도 부러워하고 닮기를 갈망하는 인생의 승리자가 되었던 것입니다.

정주영은 우리 청소년들에게 창조적인 도전정신을 길러야 한다는 것을 은은하게 그러나 분명하게 들려주고 있습니다. 지혜롭고 영특한 청소년이라면 그것을 알아야합니다. 그리고 자신이 가장 잘 할 수 있는 일에 목숨을 걸고 시도해야합니다. 그렇지 않으면 늘 남의 뒤에서 따라갈 수밖에 없지요. 자신이 그렇게 되길 바라는 청소년은 어디에도 없을 것입니다.

시도하기 바랍니다.

자신의 비전을 향해 나아가세요. 인생은 단 한번뿐입니다. 그 한번뿐인 인생을 멋지게 살아가기 바랍니다.

삶은 열정적인 인생을 원한다

열정적인 사고방식은 삶을 열정적으로 살아가게 합니다. 그래서 삶은 열정적인 인생을 좋아하지요. 때문에 삶은 열성적으로 살아가는 인생에게 성공이란 선물을 안겨주지요.

열정이란 무엇입니까?

열정이란 자신이 가진 능력을 모두 쏟아 부을 수 있는 정열, 의지를 말하지요. 그래서 열정적인 사람은 새로운 모험과 도전을 두려워하지 않습니다. 왜냐하면 모험과 도전은 열정만 있으면 얼마든지 시도할 수 있는 것이라고 믿기 때문이지요.

"모든 일의 성패는 그 일을 하는 사람의 사고방식과 자세에 달려있습니다. 확실히 대단한 모험인 것은 사실이지만 모험이 없으면 제자리걸음을 하고 다음엔 뒤떨어지고 또 그 다음은 주저앉습니다."

이는 정주영이 남긴 말이지요.

이 말에서 보듯 그는 삶에 대한 사고방식과 자세에 대해 매우 중요하게 생각했다는 것을 알 수 있습니다. 사고방식과 자세가 강건하고 반듯해야 모험을 두려워하지 않는다는 것을.

모험은 열정적 의지가 강한 사람에게 한없이 약하지만 열정적 의지가 약하거나 없는 사람은 아주 우습게 여기며 깔봅니다. 그렇다면 어떻게 해야 할 것인지는 너무도 확실한 일이지요. 지구를 들어 올릴 수 있는 강력한 열성을 갖고 두려움 없이 모험을 즐겨야합니다.

개척자 정신을 기르세요. 그리고 시도하세요, 시도하여 반드시 자신의 뜻을 이루기 바랍니다.

이는 성주영의 일곱 번째 성공비밀입니다.

정주영의 일곱 번째 성공멘토링

01 개척자 정신을 기르세요. 개척자 정신은 창조적 에너지의 원천이며 불굴의 신념의 근원입니다. 개척자 정신을 마음에 품고 무장하기 바랍니다.

02 시도하세요, 시도하여 반드시 자신의 뜻을 이루기 바랍니다. 자신의 인생에 있어 승리의 주역이 되고 싶다면 자신이 하고자 하는 일에 두려워하지 말고, 망설이지도 말고 시도하세요. 시도 하지 않으면 손톱만한 것도 결코 이룰 수 없습니다.

03 열정적인 사고방식은 삶을 열정적으로 살아가게 하지요. 그래서 삶은 열정적인 인생을 좋아합니다. 그리고 그에게 성공이란 선물을 안겨주지요.

제 2부

남들이 'No'라고 할 때 'Yes'라고 말하라

누구에게든지 무엇이든지 필요하다면
배우길 주저하지마라

아는 것이 힘이다, 실력을 길러라

'아는 것은 힘이다. 배워야 산다' 라는 말이 있지요. 나는 어렸을 때부터 이 말을 귀가 아프도록 들어왔습니다. 이 말이 의미하는 것처럼 안다는 것은 매우 중요하지요. 시시각각 변화하는 현대사회에서 남보다 내가 앞서가기 위해서는 많은 것을 배우고 익혀야합니다. 배우는 일에 게을리 하면서 남보다 잘되기를 바라는 것은 자신을 기만하는 일이지요.

배운다는 것은 매우 중요한 일입니다. 모르는 것을 알아가는 것처럼 흥미로운 것도 없지요. 배움의 기쁨을 알기 위해서는 진지한 마음으로 배움의 자세에 임해야합니다. 배움은 학교를 통한 지식습득 교육과 책을 읽고 신문과 뉴스를 보고 실생활에서의 경험을 통한 체험학습으로 나눌 수 있습니다. 이 두 가지 중 어느 것이 더 낫다 못 하다를 말한다는 것은 어폐가 있지만 어떤 배움이던 간에 배운다는 것은 소중하고 감사한 일입니다.

정주영은 집안이 가난하여 초등학교밖에 나오지 못했지만 종아리를 맞아가며 소학, 대학, 자치통감, 오언시, 칠언시를 익혔습니다. 이는 훗날 정주영이 인생을 살아가는데 큰 힘이 되었고 그의 지식의 근원이 되었지요. 정주영은 배움이 얼마나 소중한 것인지를 너무도 잘 알았기 때문에 배우는 일에 매우 적극적이었습니다. 그는 이런 자신의 마음을 다음과 같이 말했습니다.

"난 누구에게든 무엇이든 필요한 것은 모두 배워 내 것으로 만든다는 적극적인 생각, 진취적인 자세로 작은 경험을 확대해 큰 현실로 만들어내는 것에 주저 해본 일이 없습니다."

정주영은 자신의 말처럼 매사를 배우는 자세로 임했습니다. 그의 이런 실천적 자세는 부족한 학교교육을 뛰어넘어 풍부한 산지식과 지혜를 갖춘 유능한 인물이 되었던 것입니다.

힘써 배우기 바랍니다!

하루 중 아침은 단 한번 뿐이듯 인생도 단 한번 뿐입니다. 아 낌없는 열정으로 누구에게도 뒤쳐지지 않도록 배우고 익히는 데 최선을 다하기 바랍니다. 배움은 자신의 인생을 긍정적이 고 생산적으로 만드는 가장 근원적인 삶의 요소입니다.

돈이 없음을 부끄러워하지 말고 진정한 실력자가 되라

돈은 사람이 살아가는데 있어 아주 소중하지요. 돈이 있어 야 집도 사고 자동차도 사고 학교도 다니고 여행도 가고 좋은 옷도 사 입을 수 있지요. 돈은 많으면 많을수록 좋습니다. 하 지만 아무리 돈이 많아도 아는 것이 없으면 그 사람을 낮춰보 게 됩니다. 무식한 게 돈은 많아서 거드름을 피운다느니 모르 면서 돈복은 있어갖고 잘난 척을 한다느니 하며 비난을 퍼붓 습니다. 아는 게 없다는 것은 돈이 없는 것 보다 더 부끄러운 일입니다.

반면에 돈이 없어도 아는 것이 많으면 그 사람을 달리 생각 합니다. 사람들은 돈이 많은 정치인들을 부러워하면서도 그들 에게 비난의 화살을 쏘아댑니다. 돈이 많은 게 잘못은 아닌데 도 공직자들이 돈이 많으면 바른 눈으로 쳐다보지 않습니다. 저 돈이 어떻게 해서 생긴 돈일까, 하고 의심의 눈초리로 바라봅니다. 하지만 아는 것이 많은 사람에겐 의심의 눈초리 따윈 갖지 않습니다. 저 사람은 생긴 건 그렇지 않은데 아는 건 참 많아, 하며 높이 평가하지요.

정주영은 자신의 부족한 지식을 습득하기 위해 어렸을 때부터 위인전을 비롯해 많은 책을 읽었다고 합니다. 신문도 종류별로 다 읽고 나름대로 분석하는 능력도 길렀다고 합니다. 그렇게 해서 길러진 그의 상식의 깊이는 국내외적으로 유수한 대학의 박사출신인 그의 참모들도 따를 수 없을 만큼 탁월했다고 합니다.

또한 전문교육을 받은 임원들이나 직원들보다도 일에 대한 상황판단능력과 전망을 예측하는 능력 또한 뛰어났습니다. 그의 이런 능력은 천성적으로 타고난 데도 있지만 후천적인 노력으로 길러졌다는 것에 아무도 이의를 달지 못합니다. 정주영의 성공은 끊임없는 배움의 노력과 철두철미한 창조적인 노전정신으로 이뤄낸 것입니다.

성수영은 학문적인 업적은 없지만 그가 이뤄낸 놀라운 업적을 인정받아 국내외적으로 많은 명예박사학위를 받았지요. 국내에서는 경희대에서 '명예공학박사'(1975), 충남대에서 '명예경세학박사'(1976), 연세대에서 '명예경제학박사'(1985), 이화여대에서 '명예문학박사'(1986), 서강대에서 '명예정치학박사'(1990), 고려대에서 '명예철학박사'(1995)학위를 받았습니다. 그리고 국외적으로는 미국 조지워싱턴 대학에서 '명예경영학박사'(1982)를 미국 존스 홉킨스 대학에서 '명예인문학박사'(1995) 학위를 받았습니다.

초등학교를 나오고도 많은 수의 명예박사학위를 받은 사람은 경제인으로는 정주영이 최초이지요. 그는 누구의 도움도 없이 자신만의 실력으로 대한민국에서 가장 성공한 기업인이 되었습니다.

인생은 짧습니다.

자신이 성공적인 인생이 되길 원한다면 충분한 실력을 기르기 바랍니다.

현대는 전문지식과 전문가를 요구한다

현대는 모든 분야에서 단편적인 것이 아닌 전문적인 것을 요구합니다. 하나를 알아도 깊이 있게 아는 것을 원하지요. 그래서 표피적이고 단순한 지식으로는 자신이 원하는 직업을 가질 수 없습니다.

기업이나 사회에서 요구하는 실력을 갖추어야합니다. 그러지 않으면 죽었다 깨어나도 자신이 원하는 직업을 갖거나 일을 할 수가 없습니다. 왜냐하면 이는 삶의 방식이 시시각각 빠른 속도로 변화하기 때문이지요. 자신이 기업이나 사회가 요구하는 사람이 되기 위해서는 그에 맞는 실력을 쌓아야합니다. 실력만 있으면 내가 원하는 일을 내가 선택할 수 있습니다. 그러나 실력을 인정받지 못한다면 내가 원하는 곳에서 일을 할 수가 없습니다. 그랬을 때의 상실감은 말로 다할 수 없을 만큼 크지요. 그래서 자신감을 잃기도 하고 스스로를 경멸하며 방황하기도 한답니다.

알고도 행하지 않는 것은 참으로 못난 일입니다. 그런데 이를 알고도 의지력이 약해 실천하지 못하는 청소년들을 보면 너무 안타깝습니다. 세월이 지나 어른이 되면 내가 그땐 왜 알고도 실천하지 못했을까, 하고 후회를 하는 일이 많을 것입니다. 청소년시절을 보냈던 많은 사람들이 지난 날 좀 더 열심히 하지 않은 것에 대해 후회하는 것을 보면 그렇다는 것을 알 수 있지요.

남들이 부러워하는 영광의 면류관은 거저 얻을 수 없습니다. 강인한 인내심과 부단한 노력이 있어야만 얻을 수 있는 인생의 선물입니다.

자신이 진정 성공한 인생으로 살아가고자 한다면 열심히 배우고 익히기 바랍니다. 그리고 모르는 것이나 배우고 싶은 것은 누구에게든 무엇이든지 배우기를 주저하지 마세요.

이는 정주영이 우리나라 기업인 중 가장 성공할 수 있었던 여덟 번째 성공비밀입니다.

정주영의 여덟 번째 성공멘토링

01 아는 것은 힘입니다. 안다는 것은 매우 중요하지요. 시시각각 변화하는 현대사회에서 남보다 내가 앞서가기 위해서는 많은 것을 배우고 익혀야합니다. 배우는 일에 게을리 하면서 남보다 잘되기를 바라는 것은 자신을 기만하는 일이지요.

02 돈이 없음을 부끄러워하지 말고 진정한 실력자가 되세요. 아무리 돈이 많아도 아는 것이 없으면 그 사람을 낮춰보게 됩니다. 무식한 게 돈은 많아서 거드름을 피운다느니 모르면서 돈복은 있어갖고 잘난 척을 한다느니 하며 비난을 퍼붓지요. 아는 게 없다는 것은 돈이 없는 것 보다 더 부끄러운 일입니다.

03 현대는 전문지식과 전문가를 요구하지요. 현대는 모든 분야에서 단편적인 것이 아닌 전문적인 것을 요구하는 사회입니다. 하나를 알아도 깊이 있게 아는 것을 원합니다. 그래서 표피적이고 단순한 지식으로는 자신이 원하는 직업을 가질 수 없습니다. 기업이나 사회에서 요구하는 실력을 갖추어야 하지요. 그러지 않으면 죽었나 깨어나도 자신이 원하는 직업을 갖거나 일을 할 수가 없습니다.

집중력을 길러라

집중력이 성패를 결정한다

공부를 하거나 그림을 그리거나 일을 하거나 그 무엇을 하던 간에 성패를 좌우하는 것은 집중력이지요. 집중력이란 다른 생각을 하거나 한눈팔지 않고 자신이 하는 것에 깊이 몰입하는 것을 말합니다.

집중력의 중요성이 그 어느 때보다도 강조되고 있습니다. 그래서 집중력을 키워야한다는 것은 누구나 알고 있는 사실이지만 그것을 실천으로 옮기는 데는 매우 취약합니다. 끈기와 인내심이 부족하기 때문이지요. 아무리 생각이나 취지가 좋아도 실천하지 않으면 아무 소용이 없습니다. 특히 한창 몸과 마음이 자라나는 청소년시기에는 집중력을 강화시키는 것을 게을리 해서는 안 됩니다. 같은 시간을 쓰면서도 집중을 잘 했느냐 그렇지 않느냐에 따라 그 결과의 차이는 크게 나타나는 것이니까요.

가령 명문대에 들어간 학생들이 이구동성으로 하는 말은 자신이 공부를 할 때 최대한 집중력을 갖고 했다고 합니다. 공부를 하는 순간만큼은 그 어떤 생각도 들지 않도록 철저하게 자신의 내면을 관리했다는 말이지요. 이 말은 매우 설득력을 갖게 합니다.

정주영은 무언가에 한번 몰입을 하면 그것을 반드시 성사 시키는 일에 주저하지 않았다고 합니다. 비록 자신이 처음 보고 경험하는 것이라 할지라도 일단 그것을 하기로 결심을 굳히고 나면 고도의 집중력으로 분석하고 진단하여 그 일을 추진하였지요. 그리고 추진한 일은 어떤 일이 있어도 흔들림 없이 밀고나가 반드시 성공으로 이끌어냈습니다. 그에겐 만약에, 어떻게 되겠지, 아마 잘 될 거야, 란 불확실한 말은 없었습니다. 그에겐 반드시 된다, 할 수 있다, 는 확실한 말만 있었지요.

정주영이 이처럼 확실성 있는 말과 강한 실천력을 보일 수 있었던 것은 집중력에 의해서지요. 그는 고도의 집중력을 통해 자신이 실행하는 일에 대한 확실성을 이끌어 냈던 것입니다. 그리고 그 일에 전심전력을 다해 몰입함으로써 성공하였습니다.

반드시 집중력을 기르기 바랍니다.

집중력을 기른다는 것은 자신이 하는 일을 성공적으로 성사시킬 수 있는 그 어떤 것보다도 확실한 증표이니까요.

강한 마음으로 집중력을 길러라

집중력을 기르는 방법은 개개인마다 차별성이 있기 마련이지요. 그 이유는 성격의 차이에서 오고, 각자가 관심을 보이는 분야에 따라 다르기 때문입니다.

집중력을 기르는 방법을 몇 가지로 알아보지요. 첫째, 독서를 통해 집중력을 기르세요. 책을 좋아한다면 독서를 통해 집중력을 기르는 것이 최적의 방법입니다. 자신이 좋아하는 분야의 책은 싫증이 나지 않으므로 그 분야에 대한 책을 많이 읽도록 하는 것이 중요합니다. 책을 집중해서 읽는 습관을 차분히 들이다보면 집중력이 길러지게 됩니다. 둘째, 취미활동을 통해 집중력을 높이기 바랍니다. 많은 사람들은 자신이 좋아하는 취미활동을 하는 동안엔 그것에 몰입하는 경우가 많습니다. 자신이 좋아하는 취미활동은 아무리 해도 싫증이 나지 않는 법이니까요. 따라서 자신이 좋아하는 취미활동은 집중력을 높이는데 있어 역시 최적의 조건입니다. 셋째, 요가나 서예 등 정신을 하나로 끌어 모으는 것에 자신을 투자해보기 바랍니다. 요가나 서예는 정신을 고도로 집중시키는 데 매우 효과적이라고 합니다. 그래서 정신이 산만한 사람들이 집중력을 키우기 위해 요가나 서예를 많이 한다고 합니다.

성공한 인생들의 성공요소 중 하나는 집중력이 다른 사람들보다 특별히 뛰어났다는 것입니다. 뉴턴이나 아인슈타인 같은 과학자나 베토벤과 모차르트 같은 음악가나 피카소나 세잔 같은 화가나 섹스피어와 톨스토이 같은 문학가 등의 예술가들이나 마이클 조던이니 타이거 우즈 같은 선수들 역시 뛰어난 집중력을 지닌 사람들이지요. 특히 미국의 수영 영웅 마이클 펠프스는 어린 시절 '주의력 결핍 과다행동 장애'ADHD를 앓았다고 합니다. 그런 그가 5살 때 누이들이 수영하는 모습을 보고 수영이 하고 싶어 물과 친해지기 시작했지요. 그런데 이것이 그의 운명을 바꿔놓을 줄이야 누가 알았을 까요. 어린 펠프스는 수영을 할 때면 고도의 집중력을 보였습니다. 이런 펠프스의 수영에 대한 집중력은 그에게 놀라운 변화를 가져다주었지요. 펠프스는 15살 때인 2000년 시드니 올림픽에 처음 출전해 200M 남자접영 5위에 오르는 쾌거를 이루었습니다. 그로부터 4년 후인 2004년 그리스 아테네 올림픽에서 무려 6개의 금메달을 목에 걸며 '수영 황제'라는 칭호를 얻었습니다.

그 후 그의 질주는 계속 이어져 2007년 호주 '멜버른 세계수영선수권대회'에서는 7관왕에 올랐습니다. 그리고 2008년 '베이징 올림픽'에서 자신의 목표인 8관왕에 올라 세계올림픽역사상 단일경기종목에서 개인으로는 최고로 많은 금메달을 획득하였지요. 뿐만 아니라 올림픽에서만 모두 14의 금메달을 거머쥔 전무후무한 수영영웅이 되었습니다.

'주의력 결핍 과다행동장애'라는 병을 고치기 위해 시작한 수영이 펠프스를 찬란하고 드높은 인생의 주인공이 되게 했듯 고도의 집중력은 사람의 상식으로는 이해할 수 없는 놀라운 결과를 가져오기도 합니다.

마이클 펠프스의 경우에서처럼 집중력은 그 사람이 지니고 있는 숨겨진 원초적인 능력을 최대한 끌어올리게 하지요. 이는 집중력이 분산하는 능력을 하나로 끌어 모아주기 때문입니다.

집중력을 기르기 바랍니다. 집중력은 확실한 성공의 키워드이니까요.

정주영의 집중력을 배워라

앞에서 말했듯 정주영은 매우 뛰어난 경영인입니다. 그는 100년에 한번 나올 만큼 훌륭한 경영인이지요. 그가 지닌 많은 성공요인 중 집중력은 단연 으뜸입니다. 그는 전혀 문외한인 자동차 수리업을 하면서도 결코 두려워하지 않았습니다. 그 이유는 그는 자신이 직접 뛰어들어 자동차부품을 해체하고 조립하며 자동차 일을 배우는 강한 집중력을 가졌기 때문이지요. 그의 집중력은 자동차 부품에 대해서도 빠른 시일 내에 터득하게 하였지요. 자동차 기술자들도 그런 정주영의 놀라운 집중력에 대해 혀를 내두르며 고개를 흔들어댔을 정도였지요. 뿐만 아니라 토건업이나 건축업 역시 마찬가지입니다. 그는 모르는 것도 전혀 게의치 않았습니다. 모르는 것은 배우고 익히면 된다고 믿었지요. 그는 무엇이든지 일단 먼저 시작하고 온몸으로 부딪치며 해결해 나갔습니다. 이렇게 보면 불도저처럼 무모하고 저돌적으로 보이지만 그 이면엔 뛰어난 집중력과 창의적인 도전정신으로 무장이 되어있었기에 가능했던 것입니다.

고도의 집중력은 곧 정주영의 성공의 에너지였지요. 정주영은 자신에게 있는 잠재력을 2배, 3배, 10배. 100배, 아니 그 이상으로 최대한 활용한 사람입니다. 자신에게 주어진 잠재력을 10%만 활용한다고 해도 충분히 자신이 하는 일을 성공적으로 이끌어 낼 수 있습니다. 그런데 자신의 잠재력을 2배, 3배 발휘해보세요. 그 결과는 매우 놀랍게 나타날 것입니다.

자신이 성공하여 행복한 인생으로 살기를 원한다면 고도의 집중력을 기르기 바랍니다. 집중력이 곧 성패를 결정하는 열쇠이니까요.

이는 정주영이 성공적인 인생이 될 수 있었던 아홉 번째 성공비밀입니다.

정주영의 아홉 번째 성공멘토링

01 집중력이 성패를 결정하지요. 집중력은 자신이 하는 것에 대해 다른 생각을 하거나 한눈팔지 않고 몰입하는 것을 말합니다. 집중력을 키워야 한다는 것은 누구나 알고 있지만 그것을 실천으로 옮기는 데는 매우 약합니다. 끈기와 인내심이 부족하기 때문이지요. 아무리 생각이나 취지가 좋아도 실천하지 않으면 아무 소용이 없습니다. 특히 한창 몸과 마음이 자라나는 청소년시기에는 집중력을 강화시키는 것을 게을리 해서는 안 됩니다.

02 집중력을 기르기 바랍니다. 집중력은 그 사람이 지닌 원초적인 능력을 최대한 끌어올리게 하지요. 이는 집중력이 분산하는 능력을 하나로 모아주기 때문입니다.

03 사람에겐 무궁무진한 잠재력이 있습니다. 자신에게 있는 잠재력을 2배, 3배, 10배. 100배, 아니 그 이상으로 최대한 활용하기 바랍니다. 자신에게 주어진 잠재력을 10%만 활용한다고 해도 충분히 자신이 하는 일을 성공적으로 이끌어 낼 수 있습니다. 그런데 자신의 잠재력을 2배, 3배 발휘해보세요. 그 결과는 매우 놀랍게 나타날 것입니다.

독창적이고 풍부한
창의력을 길러야 한다

창의력은 무를 유로 만드는 원천이다

한 사람의 뛰어난 창의력은 수십만 아니 수백만을 먹여 살린다고 합니다. 마이크로소프트사의 창업주인 빌게이츠. 그의 창의적 아이디어는 전 세계의 컴퓨터산업에 획기적인 금자탑을 쌓아올리며 그를 세계 최고부자가 되게 했습니다.

또한 그가 설립한 마이크로소프트사에 종사하는 수많은 직원들과 그들의 가족에게 빛나는 삶의 터전을 제공해 주었습니다. 그리고 미국의 지식산업을 일취월장 끌어올리는데 혁혁한 공을 세웠지요. 단 한사람인 빌게이츠의 탁월한 창의력은 무한한 삶의 세계를 열어놓았던 것입니다. 그래서 창의력을 '무에서 유를 창조하는 힘의 원천' 이라고 하지요.

　우리나라는 자원이 턱없이 부족한 국가입니다. 이런 현실에서 우리나라가 경쟁 국가를 물리치고 살 수 있는 길은 오직 창의력을 키우는 일입니다. 독창적인 창의력은 놀라운 성과물을 만들어내는 생산적 에너지의 근원이지요.

　성수영은 늘 창의력을 길러야한다고 밀했습니다. 이는 창의력의 놀라운 힘을 너무도 잘 아는 까닭이지요.

　현대는 아이디어의 경쟁시대입니다. 지금은 새로운 것이지만 자고나면 낡은 것이 되고 마는 초스피드 경쟁시대가 현대사회입니다. 이런 시대에서 우리가 잘 살 수 있는 길은 다른 국가에서 해 낼 수 없는 우리만의 독창적인 창의력으로 새로운 제품을 개빌해 내는 것입니다.

　이는 개개인에게도 마찬가지입니다. 나만이 가지고 있는 새로운 생각은 나를 뛰어나 능력자로 만들고 자신의 인생을 놀라운 세계로 이끌어 내지요. 남들이 해 놓은 것을 모방하며 뒤따라가는 사람은 늘 남의 뒤만 쫓다맙니다. 그러나 남을 앞질러 가는 사람은 늘 남을 이끌고 가며 머리 노릇을 합니다. 이런 모두 것들을 가능게 하는 것이 바로 창의력입니다.

　자신이 인생을 풍요롭게 살고 싶다면 그래서 의미 있는 인생으로 남고 싶다면 자신을 창조적이고 창의력 넘치는 사람으로 계발하세요.

창의력 있는 사람이 세상을 새롭게 변화시키는 새로운 역사의 주인공이니까요.

자신의 숨은 1%의 창의력을 계발하라

정주영은 맨주먹으로 성공신화를 이룬 우리나라 최고의 기업인입니다. 그는 자신에게 아무것도 없음에 대해 불평하지 않았습니다. 그에게 있어 가난은 조금 불편한 일일 뿐 하나도 문제가 되지 않았지요. 가난은 열심히만 노력하면 벗어날 수 있는 아무것도 아닌 것이라고 여긴 것입니다. 아무것도 가진 게 없는 그는 무언가를 할 수 있는 종자돈이 필요했습니다. 그래서 돈을 벌기로 마음먹었습니다. 건강한 몸이 그에겐 돈을 벌 수 있는 유일한 수단이었지요.

정주영은 부두 노동자를 시작으로 해서 쌀집 배달원이 되었고, 쌀가게 주인에게 신용을 얻고 쌀가게를 인수하여 운영하였습니다. 이렇게 그는 자신이 창의적으로 할 수 있는 일의 바탕을 만들어나갔지요. 그리고 기회가 왔을 때 먹이를 놓치지 않는 솔개처럼 재빠르게 움직이며 일을 진행시켰습니다. 그렇

게 해서 그가 추진하는 사업들은 하나 둘씩 날개를 달고 급성
장하기 시작했던 것입니다.

　사우디아라비아 주베일 산업 항 건설 때 일입니다. 방파제
호안공사에 쓸 스타비트 16만개를 만들어야 하는데 하루에 겨
우 200개씩 만들어 냈습니다. 하루에 200개씩 16만개를 만
들어내려면 꼬박 800일이 걸립니다. 이는 공사기한을 단축하
려고 계획하는 정주영에게는 매우 고리타분한 일이었습니다.
　그러던 어느 날 현장에 들른 정주영은 믹서트럭이 콘크리트
를 직접 스타비트 거푸집에 쏟아 붓는 것이 아니라 일일이 크
레인 버켓으로 퍼 넣고 있는 것을 보게 되었습니다. 그것을 보
고 이상히 여긴 정주영은 왜 믹서트럭이 직접 스타비트 거푸
집에 넣지 않고 불편하게 크레인 버켓으로 하는지에 대해 물
었습니다. 그러자 담당직원은 그 이유를 믹서트럭의 콘크리
트 출구가 스타비트 거푸집 높이에 안 맞기 때문이라고 했습
니다. 그 말을 듣는 순간 정주영의 머릿속에는 번쩍하며 아이
디어가 떠올랐습니다. 그것은 콘크리트를 쏟아내는 믹서트럭
의 구멍을 스타비트 거푸집 높이와 딱 맞게 개조하면 되는 것
이었습니다.
　성수영은 그 즉시 직원들을 시켜 개조를 지시하였지요. 믹서

트럭을 개조하자 하루에 200개만 겨우 만들던 스타비트 생산량이 350개로 급상승하였습니다. 무려 2배 가까이 생산량을 끌어 올릴 수 있었습니다.

참으로 놀라운 일이었습니다. 순간적인 정주영의 창의력이 공기단축은 물론 공기단축에서 오는 인건비와 건설비의 낭비를 대폭 줄여 생산효과를 극대화시키는 결과를 이끌어 낸 것입니다.

그의 놀라운 창의력과 한국인 기술자들의 근면성으로 주베일 산업 항 건설은 성공리에 끝이 났고, 우리의 기술력을 세계 건설업계에 당당히 알리는 크나큰 계기가 되었습니다.

정주영의 경우에서 보듯 자신의 숨은 창의력을 계발하는 일에 최선을 다해야합니다. 남들이 생각하지 못하는 아이디어를 계발만 한다면 그것은 커다란 결과를 가져다주지요. 그리고 자신을 새로운 인생길로 나아가게 합니다.

다소 엉뚱한 발상이라도 좋습니다. 에디슨도 엉뚱한 발상을 밥 먹듯이 하였으니까요. 남들이 보기에는 멍청하고 바보짓처럼 보였지만 에디슨의 그런 행동은 그에게 세계최고의 발명가라는 명성을 안겨주었습니다.

창의적으로 생각하고 능동적으로 실행하기바랍니다.

남과 같이 해선 남 이상이 될 수 없음을 명심하라

사람은 누구나 자신이 남보다 잘되고 튀는 삶을 살고 싶어합니다. 이는 사람 마음속에는 남보다 잘 되고 싶은 욕망이 살아 숨쉬기 때문이지요. 중요한 사람이 되고 싶은 욕망은 누구에게나 잠재되어 있습니다. VIP(very important person)가 되고 싶은 욕망, 그 욕망을 탓힐 수는 없지요. 한번 뿐인 인생을 나만의 주인공으로 살고 싶은 건 어쩌면 당연한 일이지요. 그런데 문제는 이런 삶은 아무에게나 찾아오지 않는 다는 것입니다. 중요한 인생이 되고 싶으면 그렇게 되기 위해서 값진 땀방울의 노력이 있어야합니다. 그런데 많은 사람들은 이런 욕망을 갖고 있음에도 창의적인 노력을 하지 않는 것 같습니다. 다만 이상만 있을 뿐 목표에 대한 확실한 실천의식이 없다는 말이지요. 이상만 갖고 꿈이 이루어진다면 얼마나 좋을까요. 그러나 삶의 법칙은 아주 냉혹하고 빈틈이 없습니다. 삶은 노력하지 않는 사람에게는 결코 화려한 성공의 면류관을 씌워주지 않습니다.

노력하고, 노력하고 거듭 노력을 해도 이루어지는 꿈보다 그렇지 않은 것이 인생입니다. 그러므로 자신이 신성 삶의 주인공이 되고 싶다면 창의적인 사람이 되어야합니다. 그리고 늘 창조적으로 생각하고 도전하기 바랍니다. 그렇게 될 때 VIP 인생이 되는 길이 보이고 결국에는 그 길에서 인생의 승리자가 되는 것입니다.

남과 같이 해서는 절대로 남을 넘어 설 수 없습니다. 자신의 인생을 헛되게 하고 싶지 않다면 날마다 꿈을 키우고 실현하는 일에 최선을 다하기 바랍니다.

정주영의 성공비결은 이렇듯 그 누구도 따를 수 없는 독창적인 창의력을 가졌다는 것입니다. 그리고 투철한 도전정신을 쏟아 부었지요.

자신이 진정으로 성공하고 싶다면 남과는 다른 자신만의 독창적이고도 풍부한 창의력을 길러야합니다.

이는 정주영이 성공적인 인생이 될 수 있었던 열 번째 성공비밀입니다.

정주영의 열 번째 성공멘토링

01 창의력은 '무를 유로 만드는 원천'입니다. 자신이 인생을 풍요롭게 살고 싶다면 그래서 의미 있는 인생으로 남고 싶다면 자신을 창조적이고 창의력 넘치는 사람으로 계발하세요. 창의력 있는 사람이 세상을 새롭게 변화시키는 역사의 주인공입니다.

02 자신의 숨은 1%의 창의력을 계발하기 바랍니다. 남들이 생각하지 못하는 아이디어를 계발만 한다면 그것은 커다란 결과를 가져다줍니다. 그리고 자신을 새로운 인생길로 나아가게 하지요. 다소 엉뚱한 발상이라도 좋습니다. 에디슨도 엉뚱한 발상을 밥 먹듯이 하였지요. 남들이 보기에는 멍청하고 바보짓처럼 보였지만 에디슨의 그런 행동은 그에게 세계최고의 발명가라는 명성을 안겨주었지요.

03 남과 같이 해선 남 이상이 절대로 될 수 없습니다. 자신이 진정 삶의 주인공이 되고 싶다면 창의적인 사람이 되어야합니다. 그래서 늘 창조적으로 생각하고 도전하세요. 그렇게 될 때 VIP 인생이 되는 길이 보이고 결국에는 그 길에서 인생의 승리자가 되는 것입니다.

24시간을 48시간으로 활용하라

시간 관리에 능통한 사람이 되어라

 똑똑한 사람이 자신에게 주어진 1시간을 2시간 3시간으로 값지게 쓴다면 어리석은 자는 단 1분의 가치도 없게 시간을 허비하지요.

 자신이 하고 싶은 일에 소중한 시간을 투자하는 만큼 그것은 역동적인 에너지가 되어 자신의 삶을 값지게 변화시켜준답니다. 따라서 시간을 잘 쓴다는 것은 그만큼 자신을 유리한 삶의 고지로 나아가게 한다는 것이지요. 그러나 시간을 잘못 쓰면 잘못 쓰는 만큼 퇴보적인 사람으로 살아가게 되는데 이는 자신의 성공적인 인생을 위해 배우고 익히는 시간을 갖지 않음으로 해서 새로운 변화에 대응하지 못하기 때문이지요.

　독일의 실존주의 철학자 임마누엘 칸트는 시간을 정확히 쓰는 사람으로 유명합니다. 그는 정해진 시간에 따라 자신이 해야 할 일을 철저하게 해나갔습니다. 그렇게 함으로써 시간의 낭비를 줄이고 단 일초라도 자신의 인생을 소홀이 하는 법이 없었지요. 그렇게 자신의 삶에 집중한 그는 실존주의 철학자자로서 자신의 위치를 확고히 하며 후세에 길이 남을 성공적인 인생이 되었던 것입니다.

　대개의 사람들이 부러워하는 위치에 있는 사람들은 어느 한 사람도 거저 된 사람이 없습니다. 거저 얻어지는 것은 운이 좋아서 일뿐지 그 사람의 노력으로 이룬 것이 아니기 때문에 참나운 성공이라고 할 수 없습니다.

　공자는 나이 서른이면 자신의 인생에 책임을 지라고 했지요. 이 말은 매우 의미심장한 말이 아닐 수 없습니다. 좀 더 덧붙여서 말한다면 사람으로 태어난 것에 대한 이름값을 똑바로 하라는 것입니다.

　사람이란 저마다 성공한 사람으로 살아가고 싶은 소망을 갖고 싶니다. 하지만 그것을 실현시키며 사는 사람들은 극소수에 불과하지요. 왜냐하면 성공적인 인생이 된다는 것은 그만큼 어렵기 때문입니다. 그렇지만 그 어려운 관문을 통과하고 성공적인 삶을 살아야겠다는 포부를 지니고 당차게 살아야합니다.

시간을 값지게 잘 관리하세요. 그리고 자신의 꿈을 계발하는 데 최선을 다 하는 사람이 되십시오.

정주영은 시간을 최대한으로 아껴 쓴 시간벌레였다

정주영은 시간을 잘 쓴 사람으로도 유명합니다. 그는 단 일 초라도 헛되이 하는 법이 없었습니다. 그는 평생 동안 철저하게 시간을 관리하여 자신의 것으로 만들었습니다. 이렇게 된 데는 정주영이 젊은 시절부터 새벽에 일어나는 습관을 들였기 때문이라고 합니다.

정주영의 젊은 시절 이야깁니다.

그는 당시 5전하는 전차 삯을 절약하기 위해 걸어서 출근을 했다고 합니다. 정주영은 근검절약을 위한 방편으로써 일찍 일어났지만 그런 습관은 그가 평생을 살아가는 동안 지속되었지요.

또 다른 유명한 이야기입니다.

정주영은 평생을 새벽에 일어나 아침을 먹고 5시에 걸어서 출근했다고 합니다. 그런데 그 이른 시간에 모든 가족이 함께 밥을 먹어야 했습니다. 그 시간에 밥을 먹지 않는 자식들에겐 불벼락이 떨어졌다고 합니다. 한 편으로 생각하면 반강제적이고 파쇼 같은 이야기이지만 그랬기에 그의 삶은 빛날 수밖에 없는 게 아닐까, 합니다. 왜냐하면 남들이 잠들어 있을 시간에 그는 이미 자리에서 일어나 시간을 능동적으로 활용하고 있었기 때문이지요.

이처럼 시간을 소중하게 여겼던 정주영은 게으르고 나태한 사람을 매우 싫어했다고 합니다.

"부지런히 노력하는 사람은 좋은 때도 놓치지 않고, 잘 잡아 씁니다. 그리고 좋지 않을 때는 더욱더 부지런히 노력함으로써 어려운 일이 크게 작용하지 못합니다."

정주영의 이 말에서 보면 시간을 잘 관리하는 사람은 그만큼 좋은 일에서는 더욱 좋아지고 나쁜 일에서도 쉽게 벗어난다고 합니다.

옳은 말입니다.

일찍 일어나는 새가 먼저 먹이를 찾듯 부지런한 사람은 그만큼 좋은 일이 생길 확률이 높습니다. 부지런하다는 말은 달리 말하면 시간을 낭비하지 않고 잘 쓴다는 말과 같지요.

정주영은 시간을 잘 활용하는 시간 벌레였습니다. 그의 시간 관리 습관을 배우고 익혀 실천한다면 좋은 성과가 웃으며 반겨 줄 것입니다. 더욱이 청소년은 인생에 있어 가장 중요한 시기 인데 모든 인생은 청소년기에 결정되지요. 그것은 청소년기에 무엇을 선택하느냐에 따라 인생의 방향이 결정되기 때문입니 다. 이처럼 소중한 청소년기를 소홀히 한다는 것은 결국 자신 의 인생을 형편없이 만들어 버리는 것과 다를 바 없지요.

시간에 끌려가지 말고 그 시간을 내 의지대로 끌고 가는 역 동적이고 능동적이고 창의적인 청소년이 되기 바랍니다.

인생의 모든 성패는 시간에서 온다

인생의 모든 성패는 시간에서 옵니다. 즉 시간을 누가 얼마 나 더 가치 있게 썼느냐에 따라 결정됩니다. 성공한 인생들의 성공습관 중에는 그들이 시간을 잘 관리했다는 것을 알 수 있 습니다. 시간을 잘 쓴다는 것은 인생을 매우 긍정적으로 이끌 지만 시간을 잘못 쓰게 되면 부정적인 인생으로 퇴락시키고 맙니다.

헨리 포드, 록펠러, 앤드류 카네기, 알프레드 노벨, 벤 자민 프랭클린, 퀴리부인, 엔리코 카루소, 마리아 칼라스, 빌 게이츠, 워린 버핏 등 대단히 성공적인 인생들은 보통 사람들보다 시간을 몇 배로 가치 있게 썼다는 것을 결코 잊어서는 안 될 것입니다.

"시간은 곧 돈이다." 라는 말이 있습니다. 이는 시간을 잘 쓰면 돈이 된다는 말인데 시간이 그만큼 귀하다는 것을 의미하는 만큼 자신에게 주어진 시간의 주인이 되기 바랍니다. 시간을 아끼고 사랑하는 만큼 시간은 반드시 좋은 신물로 보답해줄 것이니까요.

시간은 매우 소중합니다. 빛나는 인생으로 살기를 원한다면 24시간을 48시간으로 활용하기 바랍니다.

이는 정주영의 열한 번째 성공비밀입니다.

정주영의 열한 번째 성공멘토링

01 시간 관리에 능통한 사람이 되세요. 똑똑한 사람은 자신에게 주어진 1시간을 2시간 3시간으로 값지게 쓰지만 어리석은 자는 단 1분의 가치도 없게 시간을 허비하지요.

02 자신이 하고 싶은 일에 시간을 아낌없이 투자하세요. 그런 만큼 그것은 역동적인 에너지가 되어 자신의 삶에 귀한 선물을 안겨 줄 것입니다.

03 인생의 모든 성패는 시간에서 옵니다. "시간은 곧 돈이다." 라는 말이 있습니다. 이는 시간을 잘 쓰면 돈이 된다는 말인데 시간이 그만큼 귀하다는 것을 의미합니다. 자신에게 주어진 시간의 진정한 주인이 되기 바랍니다.

미래를 내다보는 눈을 길러라

자신의 미래를 내다보는 눈을 길러라

미래가 없다면 오늘을 열심히 살아가야 할 이유를 못 느낄 겁니디. 미래가 없는데 머리가 아프도록 공부하고 몸이 부서져라 열심히 일할 필요가 없겠지요. 다만 오늘을 되는대로 살면 된다고 생각할 거예요.

오늘만 있고 미래가 없는 삶은 생각하는 것만으로도 숨이 막힙니다. 다행히 사람들에겐 미래라는 새로운 세계로 나아가는 길이 열려있습니다. 그 길은 누구나 살 수 있고 누구에게나 새로운 세계의 문을 열어놓고 들어오길 기다리지요. 그 길은 만인의 길이며 만인의 집입니다. 그러나 그 길을 가기 위해서는 자신만의 목표를 세우고 체계적으로 나아가야합니다. 땀 흘리는 일을 게을리 해서도 안 되고, 보다 많은 책을 읽으며 새로운 세계를 위해 착실하게 대비해야합니다. 미래는 목표를 세우고 최선을 다해 나아가는 자만이 갈 수 있는 새로운 세계입니다.

성공적인 인생의 승리자들은 자신의 미래를 설계하고 그 설계에 따라 인생의 지도를 그려나갔지요. 인생의 지도를 잘 그리고 못 그리느냐에 따라 인생의 성패가 달려있습니다. 성공한 인생들은 자신의 인생지도를 잘 그리기 위해서 철저하게 준비했지요. 한 점 흐트러짐 없이 계획을 세우고 그 계획에 따라 하나씩 하나씩 실천으로 옮겼습니다. 그리고 목표를 이룰 때마다 자만하지 않고 더욱 겸허한 마음으로 다음 단계를 향해 나아갔지요. 그러는 과정에서 문제가 나타나면 심사숙고해서 문제점을 고치고 새로운 방법을 찾아내 최선을 다한 끝에 성공에 이른 것입니다.

사람들은 대개 성공한 인생들의 화려한 지금 모습만을 보려는 경향이 있습니다. 그래서 무턱대고 따라하다가 중도에서 실패하는 경우가 많지요. 그것은 매우 잘 못된 생각입니다. 성공한 인생들이 성공할 수 있었던 과정을 유심히 살피고 분석

해서 자신에게 맞는 방법을 찾아내 실행하는 것이 실패를 줄이고 자신의 목표를 이룰 수 있는 지혜입니다. 거기다 자신의 미래를 내다볼 수 있는 눈을 갖는다면 성공의 길은 더욱 가까이 다가 올 것입니다.

자신의 미래를 내다 볼 수 있는 눈을 기르기 위해서는 많은 책을 읽어야합니다. 책속엔 수많은 지혜의 숨결이 담겨져 있습니다. 책의 숲길에서 지혜와 정보와 새로운 아이디어를 찾아야합니다. 그래서 자신의 미래를 철저하게 세우고 성공의 세계로 나아갈 수 있도록 해야합니다.

미래는 그 미래를 자신의 것으로 삼으려고 최선의 노력을 다하는 자에게 문을 열어주고 영광의 면류관을 씌워주지요.

미래는 꿈을 향해 최선을 다 하는 자들의 것이다

꿈이 크고 이상이 높다고 해서 미래의 주인공이 되는 것은 아닙니다. 꿈이 크고 이상이 높으면 그 이상의 노력을 해야만 합니다. 말만 앞세운다고 해서 이루어지는 것은 어디에도 없지요. 도깨비 금방망이처럼 자신이 원하는 것을 얻을 수만 있다면 좋겠지만 그것은 단지 흥미로운 이야기에 불과할 뿐이죠.

정주영은 우리의 청소년들에게 이를 확실하게 가르쳐줍니

다. 그는 아무것도 가진 것이 없는 산골 소년이었습니다. 14살에 초등학교를 졸업하고 부모를 도와 농사일을 하는 게 그에게 주어진 현실이었지요. 그러나 정주영은 미래를 내다볼 줄 아는 영리하고 지혜로운 소년이었습니다. 그는 농사를 지어선 도저히 가난을 벗어날 수 없다고 생각했지요.

그의 아버지는 늘 그에게

"너는 우리 집의 장남으로서 열심히 농사짓는 일에 힘써야 한다."

고 귀가 따갑도록 말했습니다. '농자 천하지 대본農者 天下 之 貸本'이라는 말처럼 그의 아버지는 정주영이 훌륭한 농사꾼이 되기를 바랐지요. 그러나 정주영의 생각은 달랐습니다. 그는 잘 살고 싶었습니다. 지긋지긋한 가난에서 벗어나기 위해서는 무슨 일이라도 해야겠다고 진즉에 결심을 했던 것입니다. 결국 정주영은 아버지의 바람을 뒤로 하고 자신의 미래를 찾아 고향을 떠나 새로운 세계를 향해 나아갔습니다. 그 길은 그 자신만이 홀로 가야하는 외로운 길이었고 어느 누구도 도움을 주지 않는 길이었지만 그는 묵묵히 그 길을 향해 한발 한발 나아갔습니다.

그는 '뜻이 있는 곳에 길이 있다'는 말처럼 주어진 일에 최선을 다했습니다. 그랬더니 그에게 새로운 길이 열리기 시작했습니다. 아무것도 없는 그에게 도와주려는 사람들이 여기저기서 생겨나기 시작했던 것입니다. 그에게 새로운 길로 나아갈 수 있는 길이 열린 것입니다.

정주영은 믿음과 신뢰를 바탕으로 최선을 다했습니다. 그러자 그의 길은 점점 더 넓어지기 시작했습니다. 그는 계단을 오르는 마음으로 한 계단 한 계단 미래를 향해 나아갔습니다. 그러자 새로운 세계가 그를 기다리고 있었습니다. 이런 과정을 수백 수천 번도 더 겪으며 그는 대한민국 최고의 기업인이 되었습니다. 미래를 내다보는 정주영의 탁월한 눈이 그를 성공한 인생이 되게 했던 것입니다.

오늘에 절대 안주하지 마라

오늘에 안주하는 사람을 미래는 달가워하지 않습니다. 오늘에 안주하는 사람은 미래를 생각하지 않기 때문입니다. 오늘이 가면 내일이 오고 내일이란 오늘이 오면 또 내일이란 미래가 기다리고 있는 게 세상의 순리입니다. 그런데 미래를 생각하지 않는다면 그것은 자신의 삶을 퇴보시키는 일입니다. 그러므로 오늘에 만족하는 사람은 오늘 뿐이지만 미래를 기다리며 나가는 사람에게 미래는 날마다 오늘입니다.

오늘이란 제한된 시간을 사느냐 날마다 미래인 내일을 사느냐는 것은 각자가 결정해야 할 몫입니다. 그렇다면 우리의 청소년들은 무엇을 선택해야 할 까요? 그것은 당연히 오늘의 만족이 아니라 날마다 내일인 미래이겠지요.

그리고 한 가지 분명하게 해 둘 것은 오늘에 만족하지는 말고 빛나는 미래를 위해서 오늘은 최선을 다해야 한다는 것입니다. 오늘이 빈약하면 내일도 빈약할 수밖에 없습니다. 그러나 오늘이 풍족하면 내일도 풍족하게 맞을 수 있고, 그 다음 날은 더 나은 내일을 맞을 수 있는 것이지요.

오늘을 열심히 살되 오늘에 만족하지 마십시오. 날마다 내일이란 미래를 위해 몸과 마음을 다 바치기 바랍니다.

자신이 행복하게 살고 싶다면 미래를 내다보는 밝은 눈을 기르기 바랍니다. 그리고 확실한 목표를 세우고 미래를 향해 최선의 노력을 다 하기 바랍니다.

이는 정주영의 열두 번째 성공비밀입니다.

정주영의 열두 번째 성공멘토링

01 자신의 미래를 내다보는 눈을 기르기 바랍니다. 자신의 미래를 내다 볼 수 있는 눈을 기르기 위해서는 많은 책을 읽으세요. 책속엔 수많은 길이 있고 지혜의 숨결이 담겨져 있습니다. 책의 숲길에서 지혜와 정보와 새로운 아이디어를 찾아 자신의 미래를 철저하게 세우고 성공의 길로 나아갈 수 있도록 해야합니다.

02 미래는 미래를 위해 최선의 노력을 다 하는 자들의 것입니다. 꿈이 크고 이상이 높다고 해서 미래의 주인공이 되는 것은 아닙니다. 꿈이 크고 이상이 높다면 그 이상의 노력을 해야합니다. 말만 앞세운다고 해서 이루어지는 것은 어디에도 없습니다.

03 오늘에 절대 안주하지 마세요. 오늘에 안주하는 사람을 미래는 달가워하지 않습니다. 오늘에 안주하는 사람은 미래를 생각하지 않기 때문입니다. 오늘이 가면 내일이 오고 내일이란 오늘이 오면 또 내일이란 미래가 기다리고 있는 게 세상의 소리입니다. 그런데 미래를 생각하지 않는다면 그것은 자신이 삶을 퇴보시키는 일입니다. 그러므로 오늘에 만족하는 사람은 오늘 뿐이지만 미래를 기다리며 나가는 사람에게 미래는 날마다 오늘입니다.

남들이 'No'라고 할 때 'Yes'라고 말하라

자신만의 주체성을 길러라

주체성이란 그 사람만의 정신적 뼈대를 말합니다. 그래서 주체성이 있는 사람과 없는 사람은 현격한 차이를 보입니다. 주체성이 없는 사람은 자기 주관도 없고 매사에 지지부진합니다. 하지만 주체성이 있는 사람은 자기 주관이 분명하고 매사에 빈틈이 없습니다. 또한 자신의 마음을 억지로 꾸미거나 둘러대지 않습니다. 좋고 싫은 것을 명확하게 표현하며 자신의 의사를 당당하게 밝힐 줄도 압니다.

주체성이 있는 사람은 자신만의 색깔을 갖고 있습니다. 그래서 남의 것을 따라 하거나 억지로 흉내 내지 않습니다. 남에게는 없는 자신만의 것, 이를 개성이라고 하는데 주체성이 강한 사람이 개성 또한 강합니다.

현대사회는 개성이 뚜렷한 사람을 필요로 합니다. 연극배우가 되던 탤런트가 되던 영화배우가 되던 가수가 되던 작가가 되던 시인이 되던 직장인이 되던 그 무엇이 되던 자신만의 색깔이 분명해야 자신을 도드라지게 드러낼 수 있고, 경쟁사회에서 남보다 앞서갈 수 있습니다.

그런데 우리사회에는 남이 힘들게 이루어 놓은 것을 힘들이지 않고 모방하는 사람들이 많습니다. 그것은 개인적인 것이든 회사일이든 간에 옳지 못한 일이지요. 남의 것을 죽자 살자 무조건 따라서 하면 창의성을 기를 수 없고 개성적이지도 못해 자신의 인생에 그다지 도움이 되지 않습니다. 왜냐하면 자기다운 것을 보여줄 수 없기 때문이지요.

주체적이지 못하고 몰개성적인 사람으로 살아가느냐 아니면 나만의 색깔을 갖고 인생을 멋지게 살아가느냐 하는 것은 전적으로 자기 자신에게 달려 있는 문제이므로 이를 분명히 해야합니다.

나만의 것, 자기다운 것이 인정받을 때 그 인생은 더욱 가치 있는 삶으로 사람들에게 기억 될 것입니다.

정주영의 생존법을 배워라

정주영은 자신의 생각과 다른 것은 단호하게 거절하였습니다. 그렇다고 해서 그가 융통성이 없는 꽉 막힌 사람은 아니었습니다. 그는 어떤 것을 받아들이고 어떤 것을 거부할지를 확실히 판단할 줄 아는 사람이었습니다.

우리나라 최고 다목적 댐인 소양강댐을 건설할 때의 일입니다. 소양강댐은 재원일부를 대일청구권 자금으로 충당하게 되어있었고, 일본 공영이 설계에서 기술 용역 등을 담당하게 되었지요. 그런데 일본 공영의 설계는 콘크리트중력댐이었습니다. 정주영은 여기에 문제가 있음을 알았습니다. 콘크리트중력댐으로 건설하면 막대한 돈이 일본으로 건너간다는 사실입니다. 일본공영이 콘크리트중력댐으로 설계한 저의가 숨어있음을 알았던 거지요. 정주영은 소양강댐이 들어설 곳 주변에 무진장으로 널려 있는 자갈과 모래를 이용하여 사력댐으로 건설하면 콘크리트중력댐에 비해 많은 돈을 줄일 수 있다는 생각을 해냈습니다. 정주영은 즉시 당국에 사력댐으로 건설하자는 의견을 제시하였지요. 건설업자가 당국이 결정한 일에 대해 의견을 제시한다는 것은 당시로써는 어불성설이었습니다.

왜냐하면 일개 건설업자가 정부에서 하는 일에 이러쿵저러쿵 이의를 단다는 것은 보통 배짱으로는 할 수 없는 일이었으니까요. 그러나 정주영은 그것을 알고도 자신의 의견을 제시했던 것입니다. 당연히 당국에서는 기분 좋을 리가 없었지요. 정주영의 의견은 당국의 권위를 무시하고 세계 굴지라는 일본공영에 대한 정면 도전과도 같은 것이었습니다. 그 즉시 정주영의 현대건설은 당국이 주무관서와 일본공영의 반발을 사며 냉대를 받아야 했습니다. 그러나 정주영은 눈 하나 깜빡하지 않았습니다. 그에게는 그만의 지식과 신념이 있었기 때문이었지요. 정주영은 그대로는 물러설 수가 없어 삼자 연석회의를 제의했습니다. 현대건설에서는 정주영과 전갑원 기사가, 일본공영에서는 동경대 출신 하시모토 부사장이, 건설부와 수자원개발공사에서는 일류기술자들이 참석하였습니다. 그러나 초등학교밖에 안 나온 사람이 뭘 알겠느냐며 무시만 당한 채 삼자 연석회의는 소득 없이 끝나고 말았습니다. 이시빈 성수형은 사력댐에 대한 자신의 의견을 추호도 굽히지 않았습니다. 콘크리트중력댐보다 사력댐이 훨씬 경제적이고 튼튼하다는 것을 알고 있었기 때문이었시요.

이런 정주영에게 힘을 실어준 사람이 있었습니다. 그는 박정희 대통령이었습니다. 박정희 대통령의 지시로 사력댐 검토에 들어갔습니다. 그리고 두 달 후 정주영은 자신을 찾아온 일본 공영의 구보다 회장을 만나게 되었습니다. 구보다 회장은 우리나라 최초의 수력발소인 수풍댐을 만든 댐 건설의 권위자였습니다. 그는 정주영에게 최대한 예를 갖춰 말했습니다.

"우리 회사 사장은 콘크리트댐의 전문가지 사력댐의 전문가는 아닙니다. 정 사장의 설계대로 우리가 조사를 해봤는데 암반이 취약해 콘크리트댐보다는 사력댐으로 하는 게 낫겠습니다. 또 사력댐은 건설비가 절약되는 것도 사실입니다."

일본공영의 구보다 회장의 말은 정주영에게 큰 힘을 실어주었습니다. 많은 우여곡절을 겪었지만 소양강 다목적댐은 당초 예산의 30%를 줄여 사력댐으로 건설되었지요.

정주영은 주무 부서인 건설부 앞에서도 "No"라고 단호하게 밝힌 끝에 자신의 생각을 관철시키는 놀라운 능력을 보여주었습니다. 이런 일은 그가 기업인으로 걸어오는 동안 무수히 많았지요. 하지만 그는 누구 앞에서도 자신의 생각이 옳다고 여겨지면 자신의 소신을 굽히지 않았습니다. 정주영은

"길이 없으면 찾으면 되고, 찾아도 없으면 길을 만들면서 하면 됩니다."

라고 말하곤 했지요. 그의 생존법은 이처럼 언제나 주체적이었으며 능동적이고 확신에 차 있었습니다.

해서 안 되는 일은 없다고 믿고 행하라

정주영은 "해서 안 될 일은 없다"고 늘 긍정적이고 능동적인 자세로 말하곤 했습니다. 어떤 일을 할 때 자신이 할 수 있다고 생각한다면 자신감을 갖고 하라고 말했지요.

사람들에겐 크게 두 가지 현상이 나타나는데 하나는 할 수 있다고 믿으며 실행하는 쪽과 또 하나는 할 수 없다고 포기하며 아예 시도조차 안하는 쪽입니다. 그런데 후자 쪽이 훨씬 더 많다는 것이 문제입니다. 그렇다면 왜 이런 현상이 생기는 것일까요. 그것은 무엇을 하는데 있어 겁을 내기 때문인데 겁을 내서는 그 어떤 일도 할 수 없습니다. 가령, 두 명의 권투 선수가 있다고 가정 해 보지요. 한 선수는 상대방이 자신보다 강해도 '나는 싸워서 꼭 이길 것이다.' 라며 강한 의지를 불태우는데 다른 한 선수는 싸워보지도 않고 '나는 안 될 것 같아.' 라고 생각한다면 그 싸움은 이미 끝난 거나 다름없습니다.

우리 주변에는 해보지도 않고 할 수 없다느니 하면서 그 일에 찬물을 끼얹는 사람들이 많습니다. 이런 사람들이 항상 문제이지요. 이런 사람들이 있는 한 그 사회나 그 회사나 그 가정이니 그 학교는 더 이상의 발전을 기대할 수 없습니다. 부정적인 생각은 언제나 부정적인 결과를 낳는 법이니까요.

자신이 이런 생각을 가진 사람이라고 생각한다면 자신의 성공을 결코 기대하지 마십시오. 삶은 그처럼 부정적이고 나약한 사람에게는 성공이라는 챔피언 벨트를 결코 채워주지 않습니다.

자신이 남보다 더 나은 인생이 되기를 꿈꾼다면 남들이 "No" 라고 말할 때 "Yes" 라고 말하기 바랍니다. 왜냐하면 길이 없으면 찾으면 되고, 찾아도 없으면 길을 만들면서 가면 되니까요. 언제나 적극적이고 능동적인 생존법으로 나아가기 바랍니다.

이는 정주영의 열세 번째 성공비밀입니다.

정주영의 열네 번째 성공멘토링

01 자신만의 주체성을 기르기 바랍니다. 주체성이 있는 사람과 그렇지 않은 사람은 현격한 차이를 보이는데 주체성이 있는 사람은 자기 주관이 분명합니다. 그래서 주체성이 있는 사람은 자신만의 색깔을 갖고 있습니다. 남의 것을 따라 하거나 억지로 흉내 내지 않습니다. 남에게는 없는 자신만의 것, 이를 개성이라고 하는데 현대사회는 개성이 뚜렷한 사람을 필요로 하는 시대입니다.

02 어떤 상황에서도 살아남는 강한 생존법을 배우세요. 길이 없으면 찾으면 되고, 찾아도 없으면 길을 만들면서 가면 되니까요. 언제나 주체적이고 능동적이고 확신에 찬 신념을 갖기 바랍니다.

03 해서 안 되는 일은 없습니다. 하면 된다고 믿고 하세요. 자신이 할 수 있다고 생각한다면 적극적으로 행하기 바랍니다. 삶은 부정적이고 나약한 사람에게는 성공이라는 챔피언 벨트를 결코 주지 않는 법이니까요.

무엇을 하던 게임처럼 즐겨라

무엇을 하던 즐거운 마음으로 하라

공부든 무엇을 하던 즐거운 마음으로 하세요. 즐거운 마음으로 하면 예상했던 것보다 훨씬 좋은 결과를 얻을 수 있습니다. 즐거운 마음으로 하면 마음에 부담이 없고, 마치 즐거운 게임을 하는 것처럼 생각되어지기 때문이지요. 그런데 하기 싫은 것을 억지로 해 보세요. 하는 것 자체가 심한 스트레스고 짜증이 나서 온몸과 마음이 괴롭습니다. 이런 상태에서 공부를 하거나 일을 하면 비효율적이지요. 왜냐하면 능률이 오르지 않기 때문입니다.

생각해보세요. 책을 좋아하는 사람은 아무리 많은 책을 읽어도 전혀 스트레스가 쌓이지 않습니다. 마찬가지로 피아노 연주하는 것을 즐겨하는 사람은 피아노 치는 것이 전혀 힘들지 않습니다. 하지만 달리기를 싫어하는 사람에게 달리기를 하라고 하면 인상을 찌푸리며 이마에 주름살을 사정없이 죽죽 새겨 넣을 것입니다.

같은 것을 할 때에도 즐거운 마음으로 하는 것과 짜증내며 하는 것은 극과 극의 차이를 보이지요. 즉, 마음을 어떻게 먹느냐에 따라 일의 성패가 달라지는데 즐거운 마음은 긍정적인 생각을 주지만 짜증내는 마음은 부정적인 생각을 주기 때문이지요. 생각의 차이는 종이 한 장의 차이 일지 몰라도 나타나는 결과는 상상을 초월할 만큼 크나큰 차이를 보이지요. 그렇다면 어떤 자세를 갖고 공부를 하고, 하고 싶은 일을 해야 할까요.

첫째, 긍정적이고 능동적인 자세를 갖고 하세요. 둘째, 언제나 즐거운 마음으로 하세요. 셋째, 안 되면 다시 하면 된다는 생각으로 하세요. 넷째, 보물찾기 게임을 하듯 설레는 마음으로 하기바랍니다.

이런 마음의 자세를 갖고 언제나 능동적으로 실천한다면 반드시 좋은 결과를 얻게 될 것입니다.

정주영은 일을 게임처럼 즐겼다

정주영은 일하는 것을 늘 즐거워했습니다. 일을 할 때 무언가 새로운 것을 기대할 수 있어 언제나 일하는 것이 놀 때 보다 신나고 좋았다고 합니다. 그는 청소년시절 네 번이나 가출을 했는데 자신의 꿈을 실행하기 위해 서지요.

소년 정주영은 늘 넓은 곳으로 가서 자신이 하고 싶은 일을 열심히 하면서 살겠다고 스스로에게 거듭 다짐을 하곤 했습니다. 그에겐 미래가 있고 꿈이 있었기에 부두 막노동도 즐거운 마음으로 했고, 쌀가게에서 쌀 배달도 즐거운 마음으로 했습니다. 누가 보면 뭐가 그리도 신이 날까, 하고 물을 만큼 그는 아주 능동적이고 역동적으로 즐겁게 일했습니다. 그러자 정주영에게 전혀 생각지도 못했던 기쁜 일이 생겨나기 시작했습니다. 그가 즐거운 마음으로 열심히 일하는 것을 보고 쌀집 주인이 정주영에게 쌀집을 넘겨줄 테니 쌀가게를 운영해보라고 했던 겁니다. 전혀 생각지도 않은 일이었습니다. 그리고 담보도 없이 돈을 빌려주는 사람도 생겼지요. 정주영의 성실한 생활을 보고 그에게 신뢰를 갖게 되었기 때문이지요.

오윤근!

그는 정주영이 낯선 서울에서 미래를 위해 지금을 갈고 닦으며 꿈을 키우는데 아낌없는 도움을 준 사람입니다. 이처럼 정주영이 낯선 땅에서 사람들의 마음을 사로잡을 수 있었던 것은 그의 즐겁게 일하는 모습이었습니다. 사람들은 즐거운 마음으로 일을 즐기면서 하는 그에게 믿음을 가졌던 것이지요. 그리고 일을 즐기는 사람은 남을 속일 줄도 모른다는 확신도 가졌습니다. 이러한 정주영의 생활 자세는 그가 꿈을 실현시키는데 있어 가장 큰 원동력이 되었던 것입니다.

자신이 하는 일이 즐겁지 않으면 하지마라

자신이 하는 일이 즐겁지 않으면 억지로 하지마세요. 억지로 하는 것은 공부든 일이든 능률적이지 못합니다. 비능률적인 것은 힘만 들고 효과도 별로 좋지 않습니다. 그런 자세로 무엇을 한다는 것은 자신도 곤혹스럽고 그 일을 시키는 사람이나 보는 사람도 곤혹스럽기는 마찬가지이지요. 곤혹스러운 일은 매우 비능률적이고 비생산적입니다. 이런 일을 한다는 것은 시간 낭비일 뿐이지요. 시간 낭비인 줄 알면서도 하는 것처럼 어리석은 것은 없습니다. 그런데 우리 사회에는 이처럼 소비적인 일을 하는 사람들이 많습니다. 우리나라 청소년들은 자신의 적성이 배제된 공부에만 열을 올리고 있고, 학교도 부모도 오직 점수 따기에만 집착합니다. 이런 상태에선 공부도 그 무엇도 즐겁지 않습니다. 남들이 다 하니 어쩔 수 없이 하는 것뿐이다, 라는 마음으로 한다는 것은 비효율적이고 힘만 들 뿐입니다.

공부든 일이든 그 무엇이든 즐거운 마음으로 해야 행복하고 열정적으로 할 수 있지요. 그래야 자신의 인생을 성공적으로 이끌어 낼 수 있는 것입니다. 그런데 즐겁지 않은 공부, 즐겁지 않는 일을 한다고 생각해보세요. 얼마나 가슴이 답답하고 공허할까요.

자신이 꿈꾸는 미래를 위해 공부하세요. 즐거운 마음으로 행복한 마음으로 신나는 게임을 하듯 그렇게 하기바랍니다.

이는 정주영의 열네 번째 성공비밀입니다.

정주영의 열네 번째 성공멘토링

01 어떤 일을 하는데 있어 좋은 결과를 얻기 위해서는 첫째, 긍정적이고 능동적인 자세를 가지세요. 둘째, 언제나 즐거운 마음으로 하세요. 셋째, 안 되면 다시 하면 된다는 생각으로 하세요. 넷째, 보물찾기 게임을 하듯 설레는 마음으로 하기 바랍니다.

02 무엇을 하던 능동적이고 역동적으로 즐겁게 하세요. 이러한 생활 자세는 자신의 꿈을 실현시키는데 있어 가장 큰 원동력이 되어 줄 것입니다.

03 자신이 하는 일이 즐겁지 않으면 억지로 하지마세요. 억지로 하는 것은 공부든 일이든 능률적이지 못합니다. 비능률적인 것은 힘만 들고 효과도 별로 좋지 않지요. 그런 일을 한다는 것은 자신도 곤혹스럽고 그 일을 시키는 사람이나 보는 사람도 곤혹스럽기는 마찬가지이지요. 공부든 일이든 그 무엇이든 즐거운 마음으로 해야 행복하고 열정적으로 할 수 있습니다. 그래야 자신의 인생을 성공적으로 이끌어 낼 수 있답니다.

- 개척자 정신을 길러라
- 남들이 'No'라고 할 때 'Yes'라고 말하라
- 고정관념을 멀리하고 늘 새로운 변화를 추구하라
- 근검절약을 실천하라

제 3부

고정관념을 멀리하고
늘 새로운 변화를 추구하라

탁월한 리더십을 갖춘
저돌적 인간형이 되라

창조적인 리더십을 길러라

리더십의 중요성이 그 어느 때보다도 강조되고 있습니다. 현대 사회는 여럿이 함께 해야 잘 살 수 있는 복잡 다양한 사회구조를 이루고 있지요. 이런 사회구조 속에서 여러 사람들을 이끌어 가는 리더가 된다는 것은 자신의 인생을 능동적이고 활력 있게 살아가게 합니다. 그리고 자신과 함께 하는 사람들의 리더로서 자아실현의 기쁨도 얻게 되어 인생을 보람 있게 살아갈 수 있습니다. 현대는 기업이든 관공서든 팀을 이루어 일을 하는데 그 팀의 리더를 팀장이라고 하지요. 작게는 직장의 팀장으로서 나아가서는 전체의 책임자로서 자신이 살아가길 소망한다면 그렇게 되기 위해 실력을 갖추어야합니다. 실력을 갖추지 않는 사람에게 리더의 기회는 결코 오지 않는 법이니까요.

리더로서 자신의 능력을 보여주기 위해서는 리더로서의 조건을 갖추어야합니다. 리더가 갖추어야 할 여러 조건이 있는데 그 중 리더십을 갖추는 것은 매우 중요하지요. 유능한 리더가 되느냐 못 되느냐는 리더십에 달려있지요. 아무리 지식이 뛰어나고 여타의 능력이 뛰어나다고 해도 리더십이 취약하면 좋은 리더가 될 수 없습니다. 능력 있는 리더가 되기 위해서는 반드시 리더십을 길러야합니다.

훌륭한 리더십을 기르기 위해서는 첫째, 사람들에게 강한 믿음을 심어 주어야합니다. 리더가 강한 믿음을 보여주면 사람들은 그 사람을 신뢰하게 되어 믿고 따르게 되지요. 그렇게 될 때 그 어떤 일도 책임감을 갖고 힘 쓸 수 있어 성공식으로 실행할 수 있답니다. 둘째, 강한 자신감과 용기를 갖춰야합니다. 리더가 강한 자신감을 갖추고 용기를 갖고 있다면 신뢰하는 마음이 들어 잘 따르게 되지요. 셋째, 정직한 마음을 갖추어야합니다. 리더가 정직하면 리더의 뛰어난 인품에 그를 믿고 따르게 됩니다. 넷째, 아무도 넘볼 수 없는 실력을 갖추어야합니다.

용장 밑에 용감한 병사가 있듯 실력을 갖춘 리더에겐 실력 있는 사람들이 모이게 마련이지요. 다섯째, 포용력을 길러야합니다. 포용력은 리더가 갖추어야 할 덕목 중에서도 단연 절대적이지요. 왜냐하면 포용력을 갖춘 리더는 부하직원들에게 절대적인 지지를 받게 되니까요.

성공적인 인생이 되려면 리더십을 갖춘 리더가 되세요. 탁월한 리더십은 성공을 꿈꾸는 사람이 반드시 갖추어야 할 성공조건입니다.

카리스마 넘치는 탁월한 리더십의 귀재 정주영

정주영은 그 누구도 범접하지 못할 카리스마를 지닌 기업인이었습니다. 그의 카리스마 앞에서는 어느 누구도 대응하지 못했다고 합니다. 그만큼 그의 카리스마는 절대적이었지요. 그러한 정주영의 카리스마는 그냥 길러진 것이 아닙니다. 그의 탁월한 리더십에서 길러진 것입니다.

정주영은 한번 믿은 사람은 끝까지 믿었다고 합니다. 그 사람이 반기를 들거나 회사의 이미지를 실추시키거나 막대한 피해를 주지 않는 한 자신의 사람으로 곁에 두었습니다. 이러한 그의 사람관리법은 사람들이 그에게 절대적인 지지를 보내게 했다고 합니다. 당연히 그럴 것입니다. 자신에게 절대적인 믿음을 주는 사람을 싫어할 사람은 어디에도 없을 겁니다. 이처럼 정주영이 사람을 관리하는 능력은 언제나 카리스마가 넘쳤고, 그런 그에게 자신의 능력을 다 바쳐 협력하고 같은 인생길을 걸었던 사람들로 그의 주변은 늘 북적거렸습니다. 그리고 그와 더불어 자신들의 성공신화를 쓰기위해 치선의 노력을 다했지요.

정주영의 탁월한 리더십의 특징을 보면 첫째, 사람을 사로잡는 타고난 카리스마를 천성적으로 갖추었습니다. 둘째, 자신이 솔선수범함으로써 상대방이 따라오게 했습니다. 셋째, 신의와 정직함을 갖추었습니다. 넷째, 미래를 예측하는 능력이 탁월해 사람들에게 강한 믿음을 심어주었습니다. 다섯째, 누구에게든지 무엇이든지 배우는 자세를 갖춰 사람들을 감화시켰습니다, 여섯째, 한번 시작한 일은 반드시 이루어 냄으로써 사람들에게 강한 자신감을 심어주었습니다. 일곱째, 현장을 돌며 점검하는 철저한 야전군사령관으로서 빈틈을 보이지 않았습니다.

이상에서 부듯 정주영의 탁월한 리더십은 철서한 사기관리와 솔선수범하는 실천 형 리더십을 보여줌으로써 사람들이 자기에게 주어진 일을 스스로 하게 했다는 겁니다. 이는 정주영만의 독특한 리더십입니다.

저돌적인 근성을 길러라

무슨 일을 하던 근성이 있어야합니다. 근성은 반드시 목표를 이루겠다는 강한 신념에서 나오지요. 그런데 근성이 약하거나 없다면 목표를 이루어 낼 수 없지요. 그래서 근성이 필요한 것입니다.

정주영을 가리켜 불도저 CEO라고 말하는데 이는 그의 저돌적인 강한 근성을 두고 한 말이지요. 리더의 유형을 보면 덕장형 리더, 용장 형 리더, 지장 형 리더로 크게 나눌 수 있습니다. 덕장 형 리더는 덕으로 사람들을 끌고 가는 리더를 말하고, 용장 형 리더는 용기와 투지로 사람들을 이끌어 가는 리더입니다. 지장 형 리더는 지식과 지혜로 사람들을 이끌고 가는 리더를 말하지요. 정주영은 이 가운데 용장 형 리더로서의 특징을 강하게 보이지만 덕과 지를 겸비한 탁월한 리더였습니다. 이렇게 말하면 초등학교만 나온 그가 무슨 지장 형 품격을 갖추었냐고 반문 할 것입니다. 당연한 반문일 수도 있지만 지식과 지혜는 학교에서만 길러지는 것이 아니지요. 진짜 공부는 현실에서 길러지는 것입니다. 풍부한 독서력과 경험에서 얻어지는 지식과 지혜는 책상머리에서 길러지는 지식보다 그 깊이가 월등하지요. 학교에서 배운 지식은 이론적인 것이나 경험에서 익힌 지식과 지혜는 실제적이어서 곧바로 현장에서 활용할 수 있기 때문입니다. 정주영의 풍부한 지식과 지혜는 경험에서 길러진 것이어서 대학을 나온 직원들이나 석박사학위소유지인 임직원들보다도 몇 배나 더 뛰어났던 것입니다.

정주영은 자신의 부족한 것을 스스로 익히고 배움으로써 탄탄한 실력을 갖추었고, 거기다 근성 있고 진취적인 리더십을 갖추었으므로 탁월한 기업인으로서 크게 성공할 수 있었던 것입니다.

자신이 남과 다른 인생을 살기 원한다면 탁월한 리더십을 갖춘 저돌적인 인간형이 되기 바랍니다.

이는 정주영이 성공할 수 있었던 열다섯 번째 성공비밀입니다.

정주영의 열다섯 번째 성공멘토링

01 성공적인 인생이 되려면 리더십을 길러야합니다. 훌륭한 리더십을 기르기 위해서는 첫째, 사람들에게 강한 믿음을 심어줘야합니다. 둘째, 강한 자신감과 용기를 갖춰야합니다. 셋째, 정직한 마음을 갖추어야합니다. 넷째, 아무도 넘볼 수 없는 실력을 갖춰야합니다. 다섯째, 넓은 포용력을 갖춰야합니다.

02 카리스마 넘치는 탁월한 리더십은 철저한 자기관리와 솔선수범하는 실천 형 리더십입니다. 이런 강한 리더십을 보여줌으로써 사람들이 자기에게 주어진 일을 스스로 하게 하는 것이 리더십의 본질입니다.

03 저돌적인 근성을 길러야합니다. 무슨 일을 하던 근성이 있어야합니다. 근성은 반드시 목표를 이루겠다는 강한 신념에서 나오지요. 자신의 부족한 것을 스스로 익히고 배움으로써 탄탄한 실력을 갖추기 바랍니다, 거기다 근성 있고 진취적인 리더십을 갖춘다면 어느 분야에서든 크게 성공할 수 있을 것입니다.

패배주의를 멀리하고
성공주의를 꿈꿔라

무슨 일이든 할 수 있다는 사고방식을 가져라

긍정적인 사고방식을 가져야한다는 말은 수백, 수천 번을 강조해도 부족함이 없습니다. 긍정적인 생각을 갖게 되면 무슨 일이든 능히 할 수 있다는 자신감이 들기 때문이지요.

나는 할 수 있다, 는 말! 이 말은 긍정적인 사고에서 오는데 참으로 멋지고 역동적인 말이 아닐 수 없습니다. 나는 할 수 있다, 는 말을 늘 자신에게 하면 자신의 생각은 강한 신념으로 가득 차게 되므로 언제나 '나는 할 수 있다'는 말을 습관처럼 해야합니다.

모든 성패는 생각의 차이에서 옵니다. 생각의 중심이 성공할 수 있는 조건으로 향하면 성공에 이르는 확률이 그만큼 높아지고, 생각의 중심이 부정적으로 향하면 실패에 이르는 확률이 높습니다.

"나에게 불가능이란 없다."고 한 나폴레옹의 가슴엔 언제나 능동적인 생각으로 가득 차 있었지요. 그래서 그는 "나는 못해. 내가 그걸 어떻게 해." 라는 말을 가장 싫어했습니다. 그리고 그렇게 말하는 사람들을 혐오했습니다. 그의 생각은 온통 성공주의로 가득 차 있었습니다. 그 결과 그는 전투에 나갈 때마다 승리를 할 수 있었지요.

에디슨은 실패를 두려워하지 않았습니다. 실패는 인생에 있어 늘 있는 것으로 자연스럽게 받아들였지요. 그는 성공주의를 꿈꾸지 않았지만 실패를 통해 성공을 본 것입니다. 이런 생각은 과학자들이나 발명가라면 당연히 여기는 생각일 것입니다. 결국 그들이 이뤄 낸 성공은 수많은 실패와 착오를 겪으면서 얻어낸 성과이지요.

실패를 두려워하는 사람에게 성공은 잘 찾아와 주지 않습니다. 아무리 실패를 해도 나는 끝까지 할 수 있다는 생각을 버리지 말아야합니다. 나는 반드시 꼭 해낼 수 있다는 자신감으로 무장해야합니다. 적극적인 생각을 가슴에 품고 실패를 뛰어넘는다면 반드시 성공할 수 있습니다. 그리고 한 가지 분명히 마음에 새길 것은 실패를 모르는 성공보다는 실패를 딛고 올라선 성공이 더욱 값지고 튼튼한 삶의 뿌리가 되어준다는 사실입니다.

성공을 꿈꿔라, 성공주의자가 되라

성공을 꿈꾸는 자가 성공할 확률이 높은 건 당연한 일이지요. 밤낮으로 성공하고 싶은 꿈으로 가득 차 있는데 어떻게 성공하지 않을 수 있을까요. 무언가에 집중하여 자신을 바친다는 것은 아름답고 열정적인 일입니다. 그 일에 성패를 떠나서도 그건 분명 감동적인 일이지요. 그런데 성공을 이룬다면 얼마나 신나고 행복한 일일까요. 이런 생각은 하는 것만으로도 사람을 행복하게 합니다.

성공주의자가 되기 위해서는 역동적이고 생산적인 마음을 품고 실천해야합니다. 첫째, 나는 행복한 사람이라고 여기기 바랍니다. 둘째, 나는 무슨 일이든 할 수 있다고 생각하기바랍니다. 셋째, 실패를 두려워하지 말고 실패를 기꺼이 받아들이기 바랍니다. 넷째, 처음부터 너무 잘 하려고 하는 조급한 마음을 버려야합니다. 다섯째, 자신과의 약속이라도 반드시 지켜야합니다. 여섯째, 무엇을 할 땐 오늘이 마지막이듯 열정적으로 해야합니다. 일곱째, 오늘 일을 내일로 미루지 말아야합니다. 여덟째, 모르는 것은 알 때까지 파고들기 바랍니다. 아홉째, 불가능은 있다는 미혹에 빠지지 말아야합니다. 열 번째, 쓸데없이 시간을 낭비하지 말아야합니다. 이상 열 가지를 잘 지켜 실천한다면 패배주의를 멀리하고 성공주의자가 될 수 있습니다.

정주영은 패배주의를 멀리했습니다. 그는 늘 성공주의를 꿈꿨습니다. 그는 실패를 두려워한다는 것은 패배주의자가 된다는 것을 알았던 거지요. 그래서 그는 실패를 두려워하지 않았습니다. 그 어느 것도 실패 없이 이루는 성공이 없다는 것을 잘 알았던 것입니다. 정주영의 이런 마음의 자세는 그에게 어떤 일이든 두려워하지 말고 해 내야한다는 강렬한 의지를 갖게 했던 것입니다.

정주영의 성공비결은 '나는 무슨 일이든 할 수 있다.'는 강한 의지와 신념이었습니다. 그리고 끈기 있는 도전정신과 넘쳐흐르는 창의력이었습니다.

정주영은 이렇게 말했습니다.

"패배주의를 멀리하고 성공주의자가 되십시오."

꿈이 있는 삶은 가난해도 행복하다

꿈이 있는 삶은 가난해도 행복하지요. 그러나 꿈이 없는 삶은 돈이 많아도 행복하지 않습니다. 꿈은 돈이 줄 수 없는 절대적인 인생의 가치를 지니고 있어 사람들을 행복하게 만들지요.

정주영은 찢어지게 가난한 어린 시절을 보냈습니다. 그의 고향은 눈이 많이 오는 산골이었습니다. 그는 어렸을 적부터 아버지를 도와 농사를 지어야 했고, 지게를 지고 나무를 하며 힘들게 보냈습니다. 마음 놓고 실컷 뛰어노는 게 희망일 정도로 그는 일을 하는 데 익숙해져있었습니다. 가난은 정주영의 어린 시절을 힘든 일로 보내게 했지만 그런 가운데서도 정주영은 꿈은 잃지 않았습니다. 정주영은 큰 도시를 꿈꿨습니다. 그곳으로 가서 자신의 꿈을 키워보고 싶었습니다. 그의 마음속엔 늘 겨울보리보다 더 푸른 꿈이 자라고 있었던 것입니다. 꿈이 있어 그는 힘든 일을 참아낼 수 있었지요. 꿈이 없었다면 정주영은 하루하루가 너무 불행했을 거예요. 날마다 꿈을 키우던 그는 고향을 떠나 힘든 일도 마다하지 않고 자신의 꿈을 이루는 발판으로 삼은 끝에 대한민국 제일의 기업인 현대그룹을 키워냈으며 우리나라 역사상 가장 훌륭한 기업가로 칭송받게 되었습니다.

"나에게 시련은 있으나 실패는 없다. 낙관적으로 살자. 긍정적으로 생각하며 살자."

정주영은 힘들고 어려울 때마다 늘 이렇게 자신에게 다짐하고 또 다짐했지요. 그리고 훗날 이 얘기를 사람들에게 해주곤 했습니다.

자신의 인생을 풍요롭게 하고 싶다면 패배주의를 멀리하고 성공주의를 꿈꾸기 바랍니다. 성공주의야 말로 성공을 이루게 하는 가장 큰 원동력입니다.

이는 정주영의 열여섯 번째 성공비밀입니다.

144

정주영의 열여섯 번째 성공멘토링

01 무슨 일이든 할 수 있다는 사고방식을 가져야합니다. 긍정적인 생각을 갖게 되면 무슨 일이든 능히 할 수 있다는 자신감이 들지요. 나는 할 수 있다는 생각을 늘 하기 바랍니다. 모든 성패는 생각의 차이에서 오지요. 생각의 중심이 성공할 수 있는 소견으로 향하면 성공에 이르는 확률이 그만큼 높아지고, 생각의 중심이 부정적으로 향하면 실패에 이르는 확률이 많다는 사실을 마음에 새겨 실천하기 바랍니다.

02 성공적인 인생이 되기 위해서는 성공주의자가 되어야합니다. 성공주의자가 되기 위해서는 첫째, 나는 행복한 사람이라고 여기기 바랍니다. 둘째, 나는 무슨 일이든 할 수 있다고 생각하기바랍니다. 셋째, 실패를 두려워하지 말고 실패를 기꺼이 받아들여야합니다. 넷째, 처음부터 너무 잘 하려고 하는 조급한 마음을 버려야합니다. 다섯째, 자신과의 약속이라도 반드시 지키기 바랍니다. 여섯째, 무엇을 할 땐 오늘이 마지막이듯 열정적으로 해야합니다. 일곱째, 오늘 일을 내일로 미루지 말아야합니다. 여덟째, 모르는 것은 알 때까지 파고들기 바랍니다. 아홉째, 불가능은 있다는 미혹에 빠지지 말아야합니다. 열 번째, 쓸데없이 시간을 낭비하지 말아야합니다.

03 꿈이 있는 삶은 가난해도 행복합니다. 그러나 꿈이 없는 삶은 돈이 많아도 행복하지 않습니다. 꿈은 논이 줄 수 없는 절대적인 인생의 가치를 지녀 사람들을 행복하게 만드는 것이지요.

두둑한 배짱과 지혜를 길러야한다

대범하라, 담대히 행하라

사람은 무슨 일을 하든 대범해야합니다. 대범한 마음을 갖는 것과 그렇지 않은 것은 현격한 차이가 나기 때문이지요. 예를 들어 태권도 선수가 시합을 하기도 전에 상대 선수가 나보다 세면 어떡하지, 생각하며 두려움에 빠진다면 그 시합은 해보나 마나입니다. 이미 마음에서 졌기 때문이지요. 그러나 어느 선수라도 좋다, 내가 다 상대해 주지, 라는 마음을 갖고 시합에 임하면 승리할 확률이 높습니다. 왜냐하면 강한 자신감이 상대방을 압도해 자신의 능력을 최대한 발휘하게 되기 때문이지요.

어떤 일을 하던 마음먹기에 달렸다, 는 말이 있습니다. 이는 마음의 자세를 어떻게 갖느냐가 자신이 하는 일에 성패를 좌우한다는 말이지요. 그렇다면 이야기는 간단합니다. 내가 꼭 해야 할 일이라면 마음을 담대히 하고 실행하기바랍니다. 설령, 그 일이 어려운 일이라 해도 대범하게 하세요. 무슨 일이든지 마음에서 지면 충분히 할 수 있는 일도 못하게 되거든요.

담대한 마음을 기르기 위해서는 다음과 같은 자세를 길러야 합니다. 첫째, 마음으로부터 두려움을 없애기 바랍니다. 두려움이 마음에 있는 한 그 어느 것도 성공적으로 이끌어 내기 힘듭니다. 둘째, 남들도 하는데 내가 왜 못해, 라는 강한 긍지를 가져야합니다. 셋째, 나는 할 수 있어, 내가 왜 못해, 하고 강하게 자신에게 주문을 걸기바랍니다. 넷째, 두둑한 배짱을 기르기 바랍니다. 배짱은 강한 마음과 의지의 표현입니다.

이 네 가지를 마음깊이 꼭꼭 새긴다면 충분히 담대한 마음을 가질 수 있게 될 것입니다.

성공적인 인생들은 담대한 마음을 갖고 최선을 다한 끝에 자신이 목표하는 것을 성공적으로 이뤄낼 수 있었습니다.

지혜를 길러라, 지혜는 마음의 보석이다

한 사람의 놀라운 지혜는 백만 명을 살리기도 하고 죽이기도 합니다. 이 말은 지혜의 힘을 함축적으로 표현한 말이지요. 전장에서도 용장보다는 지장이 승리할 확률이 더 높습니다. 용장은 날렵하고 용기백배하나 아무리 용장이라고 해도 혼자서 수천수만을 상대할 수 없지요. 그러나 지장은 수십만 수백만을 단 한 번에 물리칠 수 있습니다. 역사적으로 그것을 잘 증명해주는 것이 고구려 을지문덕 장군의 살수대첩입니다. 어디 그 뿐인가요. 이순신 장군의 노량해전을 비롯한 수많은 승리는 지혜로 이뤄낸 결과이지요. 이의 예를 보더라도 지혜가 지닌 힘이 얼마나 강한지를 잘 말해줍니다. 그리고 세계 제 1의 부자인 빌게이츠는 지혜 하나로 수백 수천만을 먹여 살립니다.

정주영은 투박한 시골아저씨 같은 외모와는 달리 지략이 제갈공명을 뛰어넘는 기업의 전략가였습니다. 그는 어느 누구와의 경쟁에서도 절대 밀리는 법이 없었습니다. 그의 지혜는 경험에서 우러나는 것도 많았지만 순간순간 반짝이는 창의적인 지혜가 월등히 탁월했습니다. 이는 두뇌가 좋아 두뇌플레이에

능했다는 것을 의미하지요. 이에 대한 한 가지 일화입니다.

정주영은 서울올림픽 유치위원장이 되어 스위스 바덴바덴으로 갔습니다. 정주영이 대한민국 IOC위원이나 대한체육회장도 아니면서 서울올림픽 유치위원장이 된 것은 누구보다도 그의 탁월한 능력을 잘 알고 있는 정부에 의해서지요. 정주영은 평생 동안 헤온 분야와는 전혀 다른 분야였지만 최선을 다해 반드시 올림픽을 유치해야겠다는 굳은 의지를 마음에 새겼습니다.

그 당시 우리의 경쟁상대는 경제대국 일본이었습니다. 많은 사람들은 월등한 표차로 일본 나고야가 서울을 제치고 올림픽을 유치할 거라고 예상했습니다. 그런데 이런 생각은 우리나라 IOC위원을 비롯한 몇몇 정계인사에게서 더욱 뚜렷하게 나타났습니다.

그러나 정주영의 생각은 달랐습니다. 될길로 비위를 지는 적이었지만 서울올림픽 유치위원장을 낳은 이상 최선을 다하기로 마음먹고는 이곳저곳 손닿는 사람들에게 협조를 당부하며 바쁘게 움직었습니다.

일본 나고야 유치단들의 활약은 참 대단했습니다. 그들은 부자나라답게 각 나라 IOC 위원 부부들에게 일제 최고급 시계를 선물하며 환심을 얻어내고자 했습니다. 말하자면 물질로 마음을 사려고 했던 거지요. 이에 정주영은 꽃바구니를 각 나라 IOC 위원들에게 보냈지요. 돈으로 따지면 보잘 것 없는 선물이었습니다. 그러나 놀라운 반응이 나타났습니다. 일제 최고급 시계를 받고도 별 반응을 보이지 않던 그들이 꽃바구니 선물에 대해서는 매우 즐거운 마음으로 감사를 표했던 것입니다. 여기엔 정주영의 창의력 넘치는 지혜가 숨어있었지요. 물질보다도 사람들의 마음에 진정성 있는 자세를 보여주었던 것입니다.

IOC 위원들은 대개가 자기나라에서는 내 노라 하는 부자며 권력층들이지요. 그런 그들이 물질 따위에 자신들의 마음을 쉽게 노출시킬 리가 없었습니다. 물질이 따르면 예나 지금이나 꺼림직 하긴 마찬가지이니까요. 그러나 꽃바구니는 달랐습니다. 값도 저렴해서 받아봐야 문제가 되는 것도 아니고 해서 그들은 즐겁게 받았던 것입니다. 정주영은 그들의 마음을 읽었던 것입니다. 정주영은 꽃바구니선물로 각국의 IOC 위원들에게 가까이 다가갈 수 있었고, 그들의 개인별 성향까지 읽어내는 지혜로 서울올림픽을 성공적으로 유치할 수 있었습니다.

서울올림픽 유치는 국민들에게 새로운 꿈을 심어주었습니다. 그것은 선진국만이 할 수 있는 올림픽을 우리도 할 수 있고, 그로인해 우리도 선진국의 대열에 오를 수 있다는 희망을 갖게 되었던 것입니다.

이를 보더라도 정주영의 생각은 다른 사람들과는 확연히 다르다는 것을 알 수 있을 겁니다. 함께 했던 유치위원들은 우리나라가 올림픽을 유치할 수 있을 거라는 생각조차도 못했지만 정주영은 달랐던 것입니다.

그의 아이디어는 언제나 생동감이 넘쳤습니다. 그랬기에 사람들의 마음을 움직일 수 있었던 것입니다. 정주영의 일화를 통해 지혜의 소중함을 잘 알았을 것입니다. 자신이 성공적인 길로 가고 싶다면 지혜를 기르기 바랍니다.

지혜는 마음의 보석입니다.

자신이 할 수 있다고 믿는 일은 절대로 물러서지 마라

자신이 할 수 있다고 믿는 일은 절대 물러서지 마세요. 자신이 할 수 있다고 믿는 일은 충분히 해 낼 수 있는 확률이 그만큼 높습니다. 그런데 많은 사람들은 힘에 겹다는 이유로 이를 극복하지 못하고 중노에서 포기하고 말지요. 여기서 한 가지 분명히 해두고 싶은 말은 이 세상에 쉬운 일이란 없다는 것입니다. 그 어떤 일일지라도 그 나름대로는 어려움이 있고 말 할 수 없을 만큼 힘든 경우도 많습니다. 삶의 이치가 이런데도 조금만 힘들면 쉽게 포기하고 쉬운 일만 하려고 한다면 이 사회는 오래지 않아 불균형적인 사회가 될 것입니다. 그리고 자신이 갖고 있는 좋은 능력이 소멸되어 더 나은 인생을 살 수 없습니다. 그런 인생이 되지 않으려면 자신이 할 수 있는 일엔 끝까지 도전하세요. 만일 도전을 포기한다면 그것은 자신에게 주어진 인생의 값진 선물을 스스로 포기하는 어리석은 행동입니다.

정주영은 자신이 할 수 있는 일은 그 어떤 일도 포기한 적이 없었습니다. 그는 모두가 할 수 없다고 단언하는 일에도 도전하여 수많은 성공을 이뤄냈습니다. 정주영은 사람들이 할 수 없다고 단언하는 것에 대해 "그 일을 해 내겠다는 강한 의지가 있느냐 없느냐의 문제다." 라고 말했지요.

정주영의 이런 강한 자신감은 자신의 경험에서 우러나온 지혜에 의한 것입니다. 그러기에 그의 말은 그 어느 책보다도 그 어느 사람보다도 믿음이 넘칩니다.

자신의 목표를 성공적으로 이뤄내어 성공적인 인생이 되고 싶다면 두둑한 배짱과 지혜를 기르기 바랍니다.

이는 정주영의 열일곱 번째 성공비밀입니다.

정주영의 열일곱 번째 성공멘토링

01 사람은 무슨 일을 하던 대범하고 담대해야합니다. 담대한 마음을 기르기 위해서는 첫째, 마음으로부터 두려움을 없애야합니다. 둘째, 남들도 하는데 내가 왜 못해, 라는 강한 긍지를 가져야합니다. 셋째, 나는 할 수 있어, 라고 강하게 자신에게 주문을 걸기 바랍니다. 넷째, 두둑한 배짱을 길러야합니다. 배짱은 강한 마음의 표현입니다.

02 지혜는 마음의 보석이지요. 한 사람의 놀라운 지혜는 백만 명을 살리기도 하고 죽이기도 합니다. 성공적인 길로 가고 싶다면 지혜를 길러야합니다.

03 자신이 할 수 있다고 믿는 일엔 물러서지 마십시오. 자신이 할 수 있다고 믿는 일은 충분히 해 낼 수 있는 확률이 그만큼 높습니다. 그런데 많은 사람들은 힘에 겹다는 이유로 이를 극복하지 못하고 중도에서 포기하고 말지요. 여기서 한 가지 분명히 해두고 싶은 말은 이 세상에 쉬운 일이란 없다는 것입니다. 강한 의지로 이를 극복하고 자신의 목표에 도전하기 바랍니다.

자신의 잠재력을 극대화 시켜라

누구에게나 잠재력은 있다

사람은 누구나 그 사람만의 발전 잠재력을 가지고 있습니다. 이는 사람이 다른 동물과 구별되는 제 1차적인 특징입니다. 사람을 만물의 영장이라고 하는 것은 바로 이를 두고 하는 말이지요. 그런데 많은 사람들은 이런 평범한 이치를 너무도 쉽게 잊고 살아갑니다. 그리고는 잘 된 사람들을 보고 그는 아주 특별한 사람이라고 말합니다. 그러나 이는 아주 잘못된 생각입니다. 이 세상엔 누구나 특별하지 않은 사람은 없습니다. 다만 자신을 성공적으로 이끌어 냈거나 이끌고 가는 사람은 자신에게 주어진 잠재력을 최대한 극대화시켰던 것일 뿐입니다. 이런 평범한 이치는 생각하지 않고 그 사람을 자신과는 다른 매우 특별한 능력을 가진 사람으로 치부한다면 자신에게 숨겨진 잠재력을 발견하기란 매우 힘들지요. 부정적인 마음은 그 어떤 것에도 부정적일 수밖에 없기 때문이니까요.

지금 이 순간 즉시 자신에게 숨겨진 발전 잠재력이 있는지를 확인해 보기바랍니다. 내가 무엇에 관심이 많고 무엇을 특별히 잘하는 지를. 그리고 어떤 일을 할 때 가장 재밌고 신나고 오래 몰입할 수 있는 지를.

이런 과정을 통해서 자신을 스스로 테스트 해보고, 자신이 잘 하는 것에 관해 전문가에게 조언을 구해보세요. 그런데 한 가지 마음에 깊이 새길 것은 기분에 따라 자신의 마음이 휘둘리면 안 된다는 것입니다. 아주 냉정히 그리고 침착하게 자신을 점검해 보기 바랍니다.

가령, 노래를 잘 하는 사람은 노래를 해야 발전 가능성이 크고, 글쓰기를 좋아하는 사람은 글쓰기를 통해 자신의 자아를 실현할 가능성이 큽니다. 노래를 잘 하고 좋아하는 사람이 달리기를 한다고 해보세요. 그것은 생각자체만으로도 어이없는 일입니다. 그런데 우리 사회와 가정과 학교는 이를 대수롭지 않게 여깁니다. 그저 앵무새처럼 말만 앞세울 뿐이지요.

내 인생은 나의 것입니다. 내가 행복해야 가정도 행복하고 밝은 사회가 됩니다. 하지만 내가 행복하지 않으면 그 어느 것도 행복하지 않습니다.

숨은 잠재력은 자신의 발전을 보장합니다. 자신의 발전을 보장받는 인생이 되기 위해서는 숨은 잠재력을 찾아내어 최선을 다할 때만이 가능하다는 사실을 굳게 새겨 실행하기 바랍니다.

잠재력 계발에 전력투구하라

자신이 잘 할 수 있는 것이 무엇인지 확인해 보는 것이 중요하다고 앞에서 말했습니다. 자신이 잘 할 수 있는 것을 발견해 계발하는 것이야 말로 자신의 인생을 아름답게 가꾸는 최선의 방책이지요. 숨은 잠재력을 계발하기위해서는 전력투구해야 합니다. 대충하거나 하는 척 해서는 안 됩니다. 당차게 마음먹고 독하게 밀어붙여야합니다.

그러면 잠재력을 계발하기 위해서는 어떻게 해야 할까요. 첫째, 아무리 힘들고 어렵더라도 절대로 포기하지 마세요. 이런 마음으로는 그 어느 것도 할 수 없습니다. 둘째, 이왕이면 즐거운 마음으로 하세요. 즐기는 마음으로 하다보면 재미를 느끼게 되고 재미를 느끼면 보다 수월하게 해 낼 수 있습니다. 셋째, 자신과 같은 잠재력으로 성공한 사람을 모델로 삼으세요. 그리고 그가 어떻게 했는지 자신도 그대로 따라서 해보기 바랍니다. 그러면 자신에게 잘 맞는 방법에 대해 발견하게 될 것입니다. 넷째, 부정적인 생각은 절대 금물입니다. 부정적인 생각은 충분히 해 낼 수 있는 발전가능성을 좀처럼 갉아먹는 나쁜 마음입니다. 늘 능동적이고 긍정적으로 생각하고 행동하기 바랍니다. 다섯째, 자기 주관을 분명히 하세요. 주관이 뚜렷한 사람은 주체성이 강해 자신을 더욱 사랑하게 되고 이루고 싶은 목표에 대한 투철한 사명감으로 성공할 확률이 높습니다.

사람은 무한한 가능성을 지닌 동물입니다. 그 무한한 가능성은 많은 사람들에 의해 확인 되고 있습니다. 불가능하다고 믿었던 우주 여행시대도 머지않아 활짝 열릴 것입니다. 꿈같은 일들이 사람들에 의해 새롭게 개발되듯 자신이 가장 잘 할 수 있는 것에 몰입하여 나아가세요. 그리고 반드시 성공하시기 바랍니다.

자신의 인생에 승리자가 되라

정주영은 자신의 잠재력을 최대한 끌어 올린 사람입니다. 성공적으로 잠재력을 계발시킨 사람을 100으로 할 때 정주영은 200, 300, 400 아니 그 이상을 계발시켰습니다. 그가 이뤄 놓은 성과들은 모두가 그의 뛰어난 잠재력을 계발시켰기에 가능했던 것입니다.

정주영이 이뤄 놓은 경제적 성과는 실로 놀랍고 경이로운 일이지요. 자원도 없고 자본도 없고 기술력도 없던 시절 그는 최악의 조건에서도 포기하지 않고 불굴의 도전정신으로 하나씩 하나씩 실행해 옮겨나갔지요. 그러자 놀라운 일이 벌어졌습니다. 아무도 예상 할 수 없는 일들이 현실로 나타나기 시작했던 겁니다.

정주영은 실패를 모르는 사람입니다. 그의 사전엔 실패를 생각하지 않는다고 했습니다. 오직 행하고 오직 이뤄내는 것만 생각했습니다. 그의 강한 욕망은 불가능의 산을 넘고 바다를 건너 성공이란 대륙에 이르게 했던 것입니다.

그는 분명한 목소리로 말했습니다.

"실패를 두려워하지 말고 성공을 꿈꾸기 바랍니다. 성공은 꿈꾸고 실천하는 자에게 찾아오는 반가운 인생의 선물입니다. 가만히 앉아서 성공이 찾아오길 기다리는 바보가 되지 마세요. 가만히 앉아서 기다리는 사람이 좋다고 찾아오는 눈먼 성공은 어디에도 없습니다."

성공하는 사람이 되기 위해서는 자신의 잠재력을 최대한 극대화시키기 바랍니다.

이는 정주영의 열여덟 번째 성공비밀입니다.

정주영의 열여덟 번째 성공멘토링

01 누구에게나 발전 잠재력은 있습니다. 자신에게 숨겨진 발전 잠재력이 있는지를 확인해 보세요. 내가 무엇에 관심이 많고 무엇을 특별히 잘하는 지를. 그리고 어떤 일을 할 때 가장 재밌고 신나고 오래 몰입할 수 있는 지를. 이런 과정을 통해 자신을 테스트 해보고, 자신이 잘 하는 것에 관해 전문가에게 조언을 구하세요. 그런데 한 가지 마음에 깊이 새길 것은 기분에 따라 자신의 마음이 휘둘리면 안 된다는 것입니다. 아주 냉정히 그리고 침착하게 자신을 점검해 보기 바랍니다.

02 잠재력 계발에 전력투구하세요. 자신이 잘 할 수 있는 것을 발견해 계발하는 것이야 말로 자신의 인생을 아름답게 가꾸는 최선의 방책입니다. 당차게 마음먹고 독하게 밀어붙여 반드시 성공하기 바랍니다.

03 자신의 인생에 승리자가 되세요. 성공은 꿈꾸고 실천하는 자에게 찾아오는 반가운 인생의 선물입니다. 가만히 앉아서 성공이 찾아오길 기다리는 바보가 되지 마세요. 가만히 앉아서 기다리는 사람이 좋다고 찾아오는 눈먼 성공은 어디에도 없습니다.

160

적당주의를 떨쳐버려라

내 사전에 적당히는 없다고 생각하라

적당히, 란 말이 무슨 일을 하는데 있어 어쩌면 무난한 방식처럼 여겨지는 듯 보이지요. 그러나 이 말의 의미에 속지 말아야합니다. 이 말은 사람들이 최선을 다하지 않고 대충 때워도 된다는 것을 의미하기 때문이지요. 자신의 인생을 성공적으로 사는 사람들과 그렇지 않는 사람들을 보면 몇 가지 뚜렷한 차이를 보입니다. 첫째, 자신이 하는 일에 대해 투철한 긍지가 있느냐 없느냐 하는 것입니다. 둘째, 오늘을 마지막이라고 생각하고 최선을 다하느냐 대충 하느냐 하는 것입니다. 셋째, 목적의식이 분명하느냐 안 하면 안 되니까 그냥 하는 것이다, 라는 어쩔 수 없는 선택이냐 하는 것입니다. 넷째, 창의적이고 능동적이냐 아니면 구태의연한 방식을 쫓는 소극적인 자세로 하느냐 하는 것입니다. 다섯째, 자신이 하는 일에 대해 준비를 치밀하게 잘 했느냐 아니면 대충 남이 하는 대로 따라 했느냐 하는 것입니다.

이상에서 보듯 생각은 종이 한 장의 차이에 불과하지만 거기서 나타나는 결과는 놀랍도록 차이가 난다는 사실을 잊어서는 안 됩니다. 그리고 적당,히란 말에 절대 넘어가지 마세요. 이말은 사람의 무한한 잠재력을 갉아먹는 좀과도 같은 무책임한 말입니다. 이 말의 미혹에 빠져 자신의 능력을 썩히고 뒤늦게 후회하는 사람들을 많이 볼 수 있습니다. 적당히 해서 크게 잘되는 일은 어디에도 없었고 앞으로도 없을 것입니다.

자신이 진정으로 성공적인 인생이 되고 싶다면 적당히 넘어가고 적당히 생각하는 적당주의를 자신의 마음으로부터 깨끗하게 몰아내세요. 그리고 그 마음속에 최선을 다하겠다는 성공주의로 가득 채우기 바랍니다.

적당이란 말을 배격하라

정주영은 적당이란 말을 몹시 싫어했습니다. 그 말은 성공으로 가는 길목을 차단하여 패배주의로 끌어내리는 부정적인 말로 생각했던 것이지요. 이렇게 철저한 의식으로 무장된 정주영은 적당히 일하고 월급이나 받자, 라는 생각으로 가득 차 있는 직원들을 보면 분노에 가까울 만큼 화를 내며 질타하였다고 합니다. 그의 완벽주의적인 일화는 그의 인생에 있어 비일비재합니다. 그 가운데 하나입니다.

정주영이 충청북도 단양에 시멘트 공장을 건설할 때의 일입니다. 정주영은 착공에서 준공까지의 2년 동안 매주 일요일이면 청량리에서 중앙선 야간열차편으로 단양현장으로 달려갔습니다. 그런데 어느 날 깜빡 잠이 들어 그만 내려야 할 곳을 지나치고 말았지요. 정주영은 기차에서 내려 무려 30리 새벽길을 걸어 현장에 도착하였습니다. 정주영이 현장에 안 온 줄 알고 직원들은 다들 느긋하게 아침을 먹으러 식당에 들어서다 그가 나타나자 놀라서 아연실색하였습니다. 정주영은 현장 곳곳을 돌아보며 꼼꼼히 점검하고 잘못된 것은 곧바로 시정하게 했습니다. 그의 완벽한 일처리 때문에 직원들은 어느 누구 하나 빈틈을 보일 수가 없었지요. 그래서 정주영은 직원들 사이에 호랑이로 통했습니다. 그만큼 정주영은 적당히 넘어가고 적당히 시간이나 때우는 사람들을 싫어했으며 적당주의를 용납하지 않았습니다.

"이것을 내일 아침까지 해놓으세요."

정주영은 그 어떤 어려운 일도 늘 정확하고 명료하게 지시를 하곤 했습니다.

그는 직원들에게 틈을 주지 않았다고 합니다. 틈을 주면 적당히 일하고 적당히 넘어가려는 모습을 많이 보였으나 틈을 주지 않으면 어떻게 해서라도 일을 다 끝내놓는 것을 자주 경험했기 때문입니다.

이에 대해 정주영은

"사람들은 보통 적당히 게으르고 싶고, 적당히 재밌고 싶어 하고, 적당히 편하고 싶어 합니다. 그러나 그러한 적당주의 사이로 귀중한 시간이 헛되이 빠져나갑니다. 이처럼 우매한 것은 없습니다."

라고 말했습니다. 그리고 또 말하기를

"나는 누가 뭐래도 내 철저한 확인과 무서운 훈련, 끈질긴 독려가 오늘의 현대를 만들었다고 믿습니다."

라고 했습니다.

정주영은 철저한 자신의 점검과 실천, 그리고 완벽한 일처리로 현대를 대한민국 일등 기업으로 만들었던 것입니다.

최선을 다하는 것만이 성공의 지름길이다

최선을 다하라는 말은 넘쳐도 부족함이 없는 말이지요. 하고 또 하고 억 만 번을 되풀이한다고 해도 자신은 물론 누군가에게 해 주고 싶은 말입니다. 최선을 다하는 자세는 매우 중요합니다. 똑같은 상황에서도 최선을 다하느냐, 아니면 다하는 척하느냐, 적당히 하느냐에 따라 일의 결과는 현격한 차이를 보이게 되지요. 땀방울은 사람을 속이지 않습니다. 땀방울의 양에 따라 일의 성과는 비례하는 것이랍니다. 땀방울을 흘리세요. 땀방울을 흘리며 책을 읽고 땀방울을 흘리며 공부를 하고 땀방울을 흘리며 자신의 인생을 개척하세요. 한 번 뿐인 자신의 인생을 위해 몸을 아끼지 마세요. 시간도 허비하지 마세요. 적당히 자신을 살지 말기바랍니다. 오직 최선으로 자신의 인생을 사랑하고 최고로 인생을 즐기세요. 성공은 최선을 다하는 사람에게 두 손을 흔들며 찾아온다는 사실을 마음에 굳게 새겨 실천하십시오.

인생의 승리자가 되길 원합니까? 그렇다면 적당주의를 배격하고 최선을 다하기 바랍니다. 최선을 다 하는 것만이 성공에 이르는 지름 길입니다.

이는 정주영의 열아홉 번째 성공비밀입니다.

정주영의 열아홉 번째 성공멘토링

01 자신이 진정으로 성공적인 인생이 되고 싶다면 적당히 넘어가고 적당히 생각하는 적당주의를 마음으로부터 깨끗하게 몰아내야합니다. 그리고 최선을 다하겠다는 실천주의를 마음가득 채우기 바랍니다.

02 적당이란 말을 멀리하세요. 적당히, 란 말이 무슨 일을 하는데 있어 어쩌면 무난한 방식처럼 여겨지기도 합니다. 그러나 이 말의 의미에 속지 말아야합니다. 이 말은 사람들이 최선을 다하지 않고 대충 때워도 된다는 것을 의미하기 때문이지요.

03 최선을 다하는 것만이 성공의 지름길입니다. 땀방울은 사람을 속이지 않는답니다. 땀방울의 양에 따라 일의 성과는 비례하지요. 땀방울을 흘리세요. 땀방울을 흘리며 책을 읽고 땀방울을 흘리며 공부를 하고 땀방울을 흘리며 자신의 인생을 개척하기 바랍니다.

지키지 못할 약속은 하지마라

약속은 신용이다

약속은 목숨처럼 소중히 여겨야 합니다. 약속을 가볍게 여기는 것은 자신의 인생을 허투루 여기는 것과 같습니다. 약속을 잘 지켜야 하는 것은 약속은 그 사람의 인격이기 때문이지요. 현대를 신용사회라고 말합니다. 이는 약속을 그민큼 소중히 여긴다는 것을 뜻하고 신용도를 그 사람의 중요관점으로 여긴다는 의미이지요. 이처럼 중요한 신용을 높이기 위해서는 약속을 얼마나 잘 이행하느냐에 달려 있습니다. 그런데 약속의 중요성을 망각한 채 무심코 습관처럼 하는 약속을 많이 보게 됩니다. 이는 상대방에게나 자신에게나 백해무익한 일이지요.

인생에 전혀 도움이 되지 않는 무익한 습관처럼 하는 약속은 하지 말아야합니다. 그렇게 하는 약속은 자신을 형편없는 사람으로 추락시키고 맙니다. 그러므로 자신이 철저히 지킬 수 있는 약속만 가려서 해야합니다.

약속에는 시간 약속, 물질적인 약속, 일과 관계된 약속, 사랑하는 이와의 약속, 친구와의 약속, 부모와의 약속, 스승과의 약속 등 수많은 약속이 있습니다. 이중 어느 약속이 가장 중요하냐며 묻는다면 질문자체가 자신의 무식함을 드러내는 행위이지요. 물론 약속도 그 비중에 따라 중요성이 각기 다를 수 있지요. 하지만 약속이란 어떤 약속이든 간에 지켜져야 한다는 것엔 이의가 없을 것입니다.

자신을 가만히 생각해보세요. 나는 과연 얼마나 약속을 잘 지키고 있는지를. 그래서 잘 지키면 다행스러운 일이나 그렇지 않다면 자신을 철저하게 관리해야합니다. 그렇게 될 때 신뢰성이 좋은 사람으로 인정받아 인생을 좀 더 알차게 살아갈 수 있게 될 것입니다.

철저한 신용주의자가 되라

정주영은 아무것도 가진 게 없었지만 의욕을 잃거나 기가죽지 않았습니다. 그는 정직함과 신뢰성만 있다면 어디서든 잘 살 수 있다고 믿었기 때문이지요. 그는 20대 시절 빈주먹으로 쌀가게를 운영했는데, 그를 잘 본 쌀가게 주인의 배려에 의해서입니다. 쌀가게 주인은 근면성실하고 정직한 정주영을 눈여겨 보아오던 중 그에게 쌀가게를 넘겨준 것이지요.

쌀가게 주인이 된 정주영은 고객들을 꼼꼼하게 챙기며 자신을 신뢰하게 만들었습니다. 그리자 오래 지나지 않아 단골고객들이 하나 둘 생기기 시작했고 그는 성실하게 돈을 모았습니다.

이후 정주영은 자동차수리공장를 사들였습니다. 이 때 정주영은 오윤근이란 사람으로부터 아무 담보물도 없이 부족한 돈을 빌렸는데 이렇게 될 수 있었던 것은 정주영이 그에게 깊은 신뢰를 주었기 때문이지요. 신뢰할 수 없는 사람에겐 어느 누구도 돈을 빌려주지 않는 법이니까요.

그런데 안타깝게도 어렵게 마련한 돈으로 차린 자동차수리공장은 종업원의 실수로 그만 한 순간에 잿더미가 되고 말았습니다. 정주영은 공장도 잃고 수리를 위해 맡겨진 고객들의 차도 모두 잃고 말았습니다. 한마디로 빈털터리가 되고 말았지요. 그러나 그는 모든 것을 잃었지만 결코 좌절하거나 절망하지 않았습니다. 왜냐하면 그에겐 이루고 싶은 꿈이 언제나 밤하늘에 반짝이는 별처럼 푸르게 빛나고 있었기 때문이었지요. 정주영은 생각 끝에 다시 오윤근을 찾아가 사정애기를 하고 또다시 신용하나만으로 큰돈을 빌릴 수 있었습니다. 오윤근은 아무것도 없는 그에게 먼저 번 빌려준 돈도 있었지만 재차 큰돈을 빌려주었습니다. 이를 보더라도 돈을 빌려주는 사람으로서는 여간해서는 취할 수 없는 일이었지요. 하지만 정주영에게만은 예외였습니다. 이는 그만큼 정주영이 자신을 신용 있는 사람으로 지켜왔다는 것을 알 수 있지요.

정주영은 남과 같이 해서는 남 이상이 될 수 없다는 것을 몸으로 부딪치며 깨달았던 것입니다. 그랬기에 그는 더욱 신뢰성 있는 사람이 되려고 노력했지요.

정주영은 그 일이 있은 후에도 믿음을 주고 신뢰를 주는 일에 조금도 소홀히 하지 않았습니다. 그러한 그의 삶의 정신은 국내는 물론 해외에서도 그대로 이어졌습니다. 그 결과 정주영은 성공신화를 이룬 대한민국의 대표적인 기업가가 될 수 있었습니다.

신용 있는 사람이 되기 바랍니다. 자신을 철저하게 신용으로 무장하고 신용주의자가 되세요. 신용이 보장되는 인생은 그것만으로도 절반은 성공한 인생입니다.

지키지 못할 약속은 아예 하지를 마라

정주영이 그랬던 것처럼 신용하나만으로도 자신을 성공시키는 멋진 사람이 되기 바랍니다. 왜냐하면 인생은 오직 한번 뿐이니까요.

자신이 하나뿐인 인생의 멋진 주연이 되느냐 못 되느냐는 오직 그 자신에게 달려있습니다.

신용주의자가 된 것에 대해 정주영은 이렇게 말했지요.

"장사꾼에게는 돈보다 신용이 첫째라는 것을 체험으로 알게 된 나는 어떤 약속도 철저하게 지키는 것을 원칙으로 삼았습니다."

백번 옳은 말입니다.

정주영의 말에서 보듯 그는 성공의 길을 신용에서 찾으라고 말합니다. 돈이 없어도 신용만 있고 확실한 비전만 있다면 성공할 수 있다는 것이지요.

그의 말에 귀를 기울이고 겸허한 마음으로 받아들이기 바랍니다. 그는 약속에 대한 철두철미한 실천자이며 경험론자이며 인생을 성공적으로 이끌어낸 대한민국 국민이라면 모두가 부러워하는 최고의 기업가였기 때문입니다.

각 사람에게 당신의 소망이 무엇이냐고 묻는다면 성공한 인생이 되는 거라고 말할 것입니다.

그렇다면 자신에게도 상대방에게도 그 무엇에도 철저하게 약속을 지키기 바랍니다. 그리고 지키지 못할 약속은 아예 하지 마세요. 지키지 못할 약속을 마구 남발하면 이는 자신의 인생을 가볍게 여기는 것과 같습니다. 최대한 자신을 의미 있는 인생으로 만들기 바랍니다.

이는 정주영이 성공할 수 있었던 스무 번째 성공비밀입니다.

정주영의 스무 번째 성공멘토링

01 약속은 신용입니다. 약속은 목숨처럼 소중히 여겨야합니다. 약속을 가볍게 여기는 것은 자신의 인생을 허투루 여기는 것과 같습니다. 약속을 잘 지켜야 하는 까닭은 약속은 그 사람의 인격이기 때문이지요.

02 신용으로 자신을 무장하세요. 자신을 철저하게 신용으로 무장하고 신용주의자가 되기 바랍니다. 신용이 보장되는 인생은 그것만으로도 절반은 성공한 인생이니까요.

03 지키지 못할 약속은 절대 하지 마세요. 지키지 못할 약속을 마구 남발하는 사람들이 있는데 이는 자신의 인생을 가볍게 여기는 것과 같습니다. 최대한 자신을 의미 있는 인생으로 만들기 바랍니다.

21

고정관념을 멀리하고
늘 새로운 변화를 추구하라

고정관념은 변화를 가로막는 최대의 적이다

고정관념은 새로움을 추구하는 데 있어 방해꾼과 같습니다. 새로움을 추구하는 사람들에게 고정관념은 답답하고 꽉 막힌 낡은 사고방식에 불과할 뿐이지요. 고정된 생각, 고정된 마음, 고정된 습관, 고정된 구태의연한 방식으로는 새로운 도전과 새로운 환경을 개척해 나갈 수가 없습니다.

'새 술은 새 부대에 담아야한다.'는 말이 있습니다. 새 술을 낡은 부대에 담는다면 맛에 영향을 줄 수도 있고, 흠이 난 곳으로 술이 샐 수도 있지요. 그래서 새로운 것은 새로운 환경에 맞게 따라야합니다. 그런데도 낡은 사고방식에 얽매어 변화하기를 주저한다면 그런 사람은 미래에 대한 비전과 도전정신이 없는 나약한 사람일 뿐입니다.

　고정관념에서 벗어나 새롭고 창의적인 생각을 하는 방법으로는 첫째, 늘 새로움을 꿈꿔야합니다. 새로운 꿈이 없인 앞서가는 사람이 될 수 없습니다. 둘째, 지금보다 나은 자신의 모습을 상상하세요. 그런 모습은 상상하는 것만으로도 신선한 자극이 되어줄 것입니다. 셋째, 비전을 가슴 가득 품기 바랍니다. 비전이 없는 사람은 죽은 인생과도 같으니까요. 넷째, 매사에 궁금증을 갖기 바랍니다. 궁금증은 자신의 생각을 보다 능동적이고 활력 있게 만들어 줄 것입니다. 다섯째, 성공한 사람들을 자신의 멘토로 정해 그 사람들의 장점을 성공지침서로 삼아 실천하기 바랍니다.

　이상의 것을 마음에 두고 꾸준히 실천하다보면 고리타분하고 낡은 고정관념에서 벗어나 새로운 변화를 두려워하지 않는 적극적인 사람으로 확실하게 변모할 것입니다.

새로운 생각을 마음가득 채워라

모든 것은 마음에서 결정됩니다. 마음자세를 어떻게 하느냐에 따라 인생이 달라지는 법이니까요. 때문에 낡은 마음과 낡은 생각으로는 빛나는 인생의 주역이 될 수 없습니다. 그런데 이상은 높고 뜻만 높은 사람들이 낡은 마음과 낡은 생각을 가득 품고 거리를 활보하고 있습니다. 빛나는 인생이 뜻만 높다고 해서 의욕만 앞세운다고 해서 되는 것은 아니지요. 빛나는 인생이 되기 위해서는 그만한 열정과 가치 있는 노력이 따라야합니다. 가치 있는 노력과 열정을 쏟기 위해서는 낡은 마음 낡은 생각 고정관념을 과감하게 깨트려 버리고 새로운 생각과 새로운 마음으로 무장해야합니다.

정주영이 고정관념의 틀을 깨트리고 성공을 거둔 이야기입니다.

울산조선소 도크를 건설할 때 일입니다. 도크가 미완성이다 보니 대형자동이동크레인을 설치 할 수가 없었지요. 그러다보니 대형 블록이며 3만 마력짜리 엔진이며 모든 부품 운반을 사람 손에 의존할 수밖에 없었습니다.

소 조립품을 12미터 깊이 도크바닥으로 옮기는 일은 특수트레일러로 해결했는데, 선수(뱃머리) 부분 조립이 끝난 1호선을 제 3도크로 운반하려면 골리앗 크레인이 설치될 때까지 기다릴 수밖에 없다는 게 기술자들의 결론이었고, 그것이 바른 해

법이라고 했습니다.

크레인을 들여놓을 때까지는 3개월이 필요했지요. 그런데 3개월을 허비하면 공기를 맞출 수가 없었습니다. 그렇게 되면 선주와의 공기 약속은 깨지고 마는데 그것은 신뢰관계에 있어 매우 치욕적인 일이지요. 왜냐하면 그처럼 무책임한 조선소에 배를 만들어 달라고 할 선주는 세상 그 어디에도 두 번 다시는 없을 테니까요.

이를 잘 알고 있는 정주영으로서는 이 문제에 대해 매우 민감할 수밖에 없었습니다. 조선소의 미래가 걸린 문제였으니까요. 이리저리 골똘히 궁리를 하던 정주영은 대뜸 이렇게 말했습니다.

"그렇다면 있는 트레일러에 선수 블록을 싣고 뒤에서 불도저가 당겨 경사진 언덕에 감속을 주면서 도크 경사로를 사고 없이 내려가는 건 가능 합니까?"

그의 갑작스런 말에 기술진은 이론적으로 가능하니고 말했지요. 그러자 정주영은 그렇게 하라고 지시를 내렸습니다. 그렇게 해서 선수부분 조립이 끝난 1호선을 골리앗 크레인 없이 아주 간단하고 쉽게 도크 바닥까지 운반할 수 있었습니다.

또 다른 일화 한 도막입니다.

조립공장을 지을 때 일이었지요. 울산지역은 최대풍속이 태

풍 때엔 초속 60미터나 되기 때문에 초속 60미터 강풍을 견디내야 한다는 기술자들의 얘기에 정주영이 대뜸 이렇게 말했습니다.

"공장 벽은 뭘로 할 건가요?"

"슬레이트로 합니다."

"그럼 슬레이트 벽은 초속 몇 미터까지 견딜 수 있습니까?"

그의 말에 잠시 머뭇거리던 담당자가 말했지요.

"초속 40미터면 모두 날아가고 말겁니다."

"그럼, 남는 건 뭔가요?"

"기둥입니다."

"다 깨지고 초속 60미터 견디라고 굵은 기둥만 박자는 말입니까?"

"……."

이에 담당자는 아무 말도 하지 못했습니다. 그 즉시 정주영은 교과서적인 것이 아닌 우리 형편에 맞는 방식으로 하라고 지시하였습니다.

정주영은 고정관념의 틀에 갇히지 말라고 말했던 것입니다. 그는 자신이 성공적으로 현대그룹을 이룬 힘은 시시각각 변하는 현대사회의 변화에 철저하게 대응할 줄 아는 감각을 키웠

기 때문이라고 말했습니다. 또 그는

"고정관념의 노예가 되어 있으면 적응력이 뛰어날 수 없습니다. 교과서적인 사고방식은 함정과도 같은 것입니다. 뛰어난 사람은 함정을 슬기롭게 지나가는 법이지요"

라고 말했습니다. 그리고 이어 말하기를

"안이한 관념은 고정관념 못지않게 나쁜 것입니다."

리고 헸지요.

옳은 말입니다. 현실은 21세기 최첨단을 걷고 있는데 생각은 19세기에 머물러 있다고 해보세요. 이건 완전 불일치에다 난센스입니다.

바꾸세요!

지금 당장 고정된 생각과 낡은 마음을 완벽하게 바꾸기 바랍니다.

교과서적인 이론을 뛰어넘는 새로운 감각을 키워라

이론은 학문입니다. 그러나 그것이 언제나 옳은 것은 아니지요. 이론과 달리 그 이론을 뛰어넘는 실제적인 것이 얼마든지 있기 때문입니다.

정주영이 그랬습니다. 그가 이뤄낸 수많은 성공은 이론으로 철저하게 무장한 기술자들의 방법을 완전히 바꿔 버린 결과였지요. 여기서 기술자의 방법은 이론에만 의존하려는 하나의 고정관념에 불과했지만 정주영이 제시한 대안은 이론적으로는 타당하지 않으나 실제에는 가능했던 것입니다. 그렇다고 해서 학문적으로 입증된 이론을 도외시 하라는 것은 절대 아닙니다. 이론도 옳지만 그 이론에만 생각을 고정시켜서는 안 된다는 것입니다. 왜냐하면 이론과 실제에는 맞지 않은 경우가 종종 있기 때문이지요. 정주영은 바로 이런 점에서 매우 뛰어난 사람이었습니다. 그는 늘 상식을 뛰어넘는 발상을 함으로써 성공적으로 이끌어냈고, 사람들을 놀라게 했습니다. 만약 그가 이론적인 고정관념에서 벗어나지 못했다면 결코 오늘의 현대는 없었을 것입니다.

우리나라 근대사를 보더라도 옛날의 사고방식을 떠나 새로운 문물을 받아들이고 그 분야에서 새로운 사고방식으로 도전하였던 사람들을 볼 수 있습니다. 서양화가 나혜석, 무용가 최승희, 화가 박수근, 이중섭, 에세이스트 전혜린, 지휘자 안익태 같은 이들이 대표적인 사람들이지요. 이들은 당시의 사회적 관점으로 볼 때 놀랄 만큼 파격적인 삶을 살았습니다. 그래서 이들 중 어떤 사람들은 비난을 받기도 했지만 그럼에도 불구하고 자신의 길을 당당하게 걸어갔습니다. 긴 세월이 흐른 지금 그들은 선각자로서 후세 사람들에게 조명 받고 있습니다.

지금 이 순간에 만족하지 마세요. 이순간도 지나면 과거로 묻혀버리고 만답니다. 지금 보다 나은 인생을 멋지게 살기위해선 고정관념을 멀리하고 늘 새로운 변화를 추구하기바랍니다. 그래서 누구보다도 가치 있는 인생의 주인이 되세요. 한번 뿐인 인생 빛나게 살아가기 바랍니다.

이는 정주영의 스물한 번째 성공비밀입니다.

01 고정관념은 변화를 가로막는 최대의 적입니다. 고정관념은 새로움을 추구하는 데 있어 방해꾼과 같지요. 새로움을 추구하는 사람들에게 고정관념은 답답하고 꽉 막힌 낡은 사고방식에 불과할 뿐입니다. 고정된 생각, 고정된 마음, 고정된 습관, 고정된 구태의연한 방식으로는 새로운 도전 새로운 환경을 개척해 나갈 수가 없답니다.

02 빛나는 인생이 뜻만 높다고 해서 의욕만 앞세운다고 해서 되는 것은 아닙니다. 빛나는 인생이 되기 위해서는 그만한 열정과 가치 있는 노력이 따라야 하지요. 가치 있는 노력과 열정을 쏟기 위해서는 고정관념을 과감하게 깨트리고 새로운 생각과 새로운 마음으로 무장하지 않으면 안 됩니다.

03 이론은 옳지만 이론을 뛰어넘는 새로운 감각을 키워야합니다. 그렇다고 해서 학문적으로 입증된 이론을 도외시 하라는 것은 아닙니다. 그 이론에만 생각을 고정시켜서는 안 된다는 것이지요. 이론과 실제에는 맞지 않는 경우가 종종 있으므로 고정된 이론을 뛰어넘는 새로운 감각을 키우기 바랍니다.

제 4부

근검절약을 실천하라

성공신화는 누구나 이룰 수 있다

성공신화로 가는 길

성공!

성공은 누구나 이루고 싶은 인생 최대의 목적입니다. 성공하고 싶지 않은 사람은 어디에도 없을 테니까요. 사람이라면 물질적으로든 명예를 얻든 권력을 얻든 학문적인 성취를 이루든 자신이 이루고 싶은 것이 있기 마련이지요. 그런데 이런 꿈을 두고도 자신은 꿈을 이루지 못할 거라고 여기는 사람들이 의외로 많은 것 같습니다. 그런 생각을 하는 사람들은 성공신화를 이루는 사람은 따로 있다고 믿기 때문이지요.

사람들이 이런 생각을 갖게 되는 이유는 성공신화를 이루고 싶은 이상은 있지만 그것을 이루기엔 자신의 능력이 보잘 것 없다고 여기는 마음에서입니다. 하지만 이런 생각으로부터 벗어나야합니다. 처음부터 완벽하게 성공조건을 갖춘 사람은 없습니다. 사람에 따라서는 부모의 덕으로 유리한 성공조건을 갖기도 하지만 그런 이유로 성공을 이룬다고 믿는 것은 비뚤어진 생각에 불과합니다. 부모의 혜택 없이 성공신화를 쏘아올린 사람들도 많으니까요.

성공신화를 쏘아 올리기 위해서는 성공신화의 길로 가야합니다. 성공신화의 길로 가기 위해서는 첫째, 자신이 가장 잘할 수 있는 것으로 목표를 삼으세요. 둘째, 가만히 앉아서는 감나무의 감을 딸 수 없듯 목표를 이루기위해서는 온몸과 마음을 다해 실천하기 바랍니다. 셋째, 새로운 정보를 수집하고 독서력을 길러야합니다. 넷째, 실패를 두려워하지 말고 끝까지 도전하세요. 다섯째, 자신에게 도움을 줄 수 있는 조력자들을 최대한 확보해야합니다.

성공신화는 누구나 쓸 수 있다

성공은 사람을 가리지 않습니다. 성공적인 인생이 되느냐 못 되느냐는 오직 자신에게 달려있습니다. 만약 사람이 태어나면서 성공하는 인생이 따로 정해져 있다면 하루하루가 곤혹스럽게 여겨질 것입니다. 왜냐하면 그런 상황에서 미래를 위해 준비해 봤자 이미 성공하는 사람은 따로 정해져 있으니까요. 하지만 안심하세요. 성공은 자신의 모든 것을 바쳐 빛나는 내일을 준비하고 노력하는 사람을 좋아하거든요. 그래서 그 사람에게 행복한 미소를 지으며 찾아간답니다. 행복한 미소를 지으며 성공이 자신을 향해 달려올 수 있도록 하세요. 그리고 그것을 누가 대신 해주길 기대하지 마세요.

그런데 부모가 대신 해주겠지, 하고 기대하는 청소년들을 흔히 볼 수 있어 안타깝습니다.

자신이 진정으로 성공신화를 쓰고 싶다면 절대로 자신에게나 상대방에게 약한 모습을 보이지 말아야합니다. 그 어떤 고난과 역경 앞에서도 당당하게 맞서야합니다. 자신에게 지면 그것으로 끝장이니까요. 자신에게 지지 않도록 인내심을 기르고 평정심을 잃지 않도록 하기 바랍니다.

자신이 성공한 인생이 되느냐 실패한 인생이 되느냐는 종이한 장 차이에 불과합니다. 오직 온전한 마음과 온전한 실천으로 자신을 무장하고 또 무장하기 바랍니다.

어떤 고난과 역경 앞에서도 당당하게 맞서라

정주영이 성공한 다른 기업인들과 크게 다른 점이 있다면 거듭 말하지만 그는 맨주먹으로 성공신화를 썼다는 점입니다. 물론 자신의 힘만으로 대성한 사람들도 있지만 정주영처럼 우리나라 경제를 좌지우지할 만큼 역량 있는 기업인은 없습니다. 현대와 쌍벽을 이루는 삼성을 창업한 이병철은 천석지기 부호의 아들이었습니다. 이런 관점에서 볼 때 정주영은 막노동으로 시작해서 성공신화를 이룬 전무후무한 인생이지요.

성공을 이루고 싶은 꿈을 갖고 있던 정주영은 밑바닥에서부터 차근차근 자신의 인생을 개척했던 것입니다. 돈이 없으니 그에겐 그 방법이 최선이었지요. 정주영은 자신의 가난을 슬퍼하거나 원망하지 않았답니다. 그는 현실을 받아들이고 미래를 개척하기 위해 혼신의 힘을 다 했습니다.

노력하는 자에게 길은 열리는 법이지요. 그의 노력은 힘들고 고달 펐지만 그에게 기쁨의 열매가 되어 돌아왔습니다. 인내는 쓰지만 그 열매는 달았던 것이지요. 정주영은 계속해서 기쁨의 열매를 수확하기 위한 혼신의 노력을 한 번도 게을리 한 적이 없었습니다. 그야말로 대단한 노력가였습니다. 서기다 뛰어난 창의력과 진취적인 도전정신을 가졌는데 그 누구도 따를 수 없을 만큼 탁월하고 견고했지요.

'인생의 명작'은 아무나 쓸 수 없습니다. 정주영이 쓴 성공신화는 대단한 인생의 명작이지요.

성공신화는 누구나 이룰 수 있습니다. 자신이 성공신화를 쓰고 싶다면 그 어떤 고난과 역경 앞에서도 당당하게 맞서야합니다. 자신에게 지면 그것으로 끝장입니다. 자신에게 지지 않도록 인내심을 기르고 평정심을 잃지 않도록 해야합니다.

이는 정주영의 스물두 번째 성공비밀입니다.

정주영의 스물두 번째 성공멘토링

01 성공신화를 쏘아 올리기 위해서는 성공신화의 길로 가야합니다. 성공신화의 길로 가기 위해서는 첫째, 자신이 가장 잘 할 수 있는 것으로 목표를 삼으세요. 둘째, 가만히 앉아서는 감나무의 감을 딸 수 없듯 목표를 이루기위해서는 온몸과 마음을 다해 실천하십시오. 셋째, 새로운 정보를 수집하고 독서력을 길러야합니다. 넷째, 실패를 두려워하지 말고 끝까지 도전하세요. 다섯째, 자신에게 도움을 줄 수 있는 조력자들을 최대한 확보하기 바랍니다.

02 성공신화는 누구나 쓸 수 있습니다. 자신이 성공한 인생이 되느냐 실패한 인생이 되느냐는 종이 한 장 차이에 불과하니까요. 성공하고 싶다면 오직 온전한 마음과 온전한 실천으로 자신을 무장하고 또 무장하세요.

03 성공신화를 쓰기위해서는 어떤 고난과 역경 앞에서도 당당하게 맞서기 바랍니다. 자신에게 지면 그것으로 끝장입니다. 자신에게 지지 않도록 인내심을 기르고 평정심을 잃지 않도록 해야합니다

근검절약을 실천하라

근검절약정신을 길러라

근면하고 검소한 생활은 삶을 풍요롭게 합니다. 열심히 일하고 아끼고 절약하다보면 부를 쌓을 수 있기 때문이지요. 우리나라가 가난하던 시절 근면과 검소는 전 국민의 표어였습니다. 국민들은 근면하고 검소하게 생활하며 경제개발에 힘을 쏟았지요. 그 결과 2007년도에는 1인당 국민소득이 2만 불을 넘어섰습니다. 이 수치는 경제개발에 깃발을 꽂던 1960년대의 우리나라를 생각한다면 꿈같은 이야기입니다. 그런데 놀랍게도 꿈같은 이야기가 현실로 이루어진 것입니다. 이는 짧은 기간에 이룬 획기적인 성과이며 전 세계적으로도 유래가 없는 일이라고 합니다. 이를 보더라도 근면과 검소는 아무리 강조를 해도 좋을 삶의 자세이지요.

그런데 지금 우리사회는 과소비 풍조에 휘말려있습니다. 그처럼 근면하고 검소했던 정신은 어디로 가고 시도 때도 없는 해외여행에다 귀국할 땐 공항에서 적발될 걸 뻔히 알면서도 값비싼 외제물품을 여행 가방이 미어터지도록 들여오고 있습니다. 그리고 공항검색에서 적발이 되면 내 돈 내가 쓰는데 그세 뭐가 잘못됐냐며 되레 큰소리를 치곤하는데 그 모습이 가히 안하무인격이지요. 오로지 그들의 머릿속엔 자기 돈은 자기 맘대로 써도 된다는 생각으로 가득 차 있습니다. 물론 이치적으로 보면 그 것도 맞는 말이지요. 하지만 그들이 번 돈은 대한민국에서 번 돈입니다. 그렇다면 그것은 자기 돈만이 아니지요. 돈은 돌고 도는 것이므로 남의 손에 가 있던 돈이 언젠가는 또다시 내게로 오는 법이지요. 경제적 이치가 이런데도 "내 돈 내가 쓰는데 무슨 상관이야." 라는 말을 부끄럼 없이 한다는 것은 아주 수치스러운 일입니다.

꿈을 키워 미래를 향해 나가는 청소년들은 이런 고약한 행동이니 말을 해서는 안 됩니다. 나 하나쯤이야, 하는 그 하나쯤이 자신을 망치고 가정을 망치고 사회를 망치고 나라를 망치는 것입니다. 자신의 빛나는 미래를 위해서라면 반드시 근검절약정신을 기르기 바랍니다.

근검절약은 좋은 성공습관이다

정주영은 근검절약하기로 유명했습니다. 그는 새벽에 걸어서 출근을 했고(물론 건강을 위한 뜻도 있지만) 양복도 옷깃이 헤지도록 입었으며, 근무복도 한 벌이면 족했다고 합니다. 그에 대한 일화입니다.

그가 자동차 수리 공장을 할 때 일입니다. 직원이 60명이나 되었는데 그 당시에는 꽤 큰 회사였지요. 그런데도 정주영의 밥상은 초라하기 그지없었습니다. 김치 하나와 국 한 그릇이면 족했다고 해요. 그 이상의 반찬은 절대 허용하지 않았다고 합니다. 직원이 60명이나 되는 사장 밥상치곤 아주 보잘 것 없어 그것을 아는 사람들로부터 공연한 오해를 사는 일도 있었습니다. 돈만 아는 짠돌이, 자기 배속에 들어가는 것도 아까워하는 구두쇠라는 등. 그러나 정주영은 그런 오해 따위엔 아랑곳 하지 않았지요. 왜냐하면 사실이 아니었으니까요.

중심이 반듯한 사람은 주변 사람들의 사소한 오해 따위엔 신경을 쓰지 않습니다. 그것은 사실이 아니니까요.

남에 대해 말하기 좋아하는 사람들은 마음이 허한 졸장부들이랍니다.

"집도 없으면서 텔레비전은 왜 사서 셋방으로 끌고 다닙니까? 라디오 하나 있으면 세상 돌아가는 것도 다 아니까 집 장만할 때 까지는 라디오만 갖고 견디기 바랍니다. 커피도 담배도 집 장만할 때 까지는 참으세요. 그리고 회사에서 작업복, 수건, 속옷도 다 주니까 옷 사는데도 돈 쓰지 말고 저축하기 바랍니다. 양복은 한 벌만 해서 처갓집 갈 때만 입으세요."

이는 정주영이 직원들에게 한 말입니다. 이 말에서도 정주영은 직원들에게 쓸데없는 낭비를 줄이고 저축해서 집부터 장만하라고 권유합니다.

나무가 뿌리를 튼튼하게 내려야 견고하고 우뚝한 것처럼 집은 사람들에게 튼튼한 삶의 뿌리가 되어 마음의 안정을 준다고 여겼던 것이지요.

돈은 버는 것 보다 쓰는 것이 더 중요하디

돈은 버는 것보다 어떻게 쓰느냐가 더 중요합니다. 아무리 돈을 많이 벌어두 쓰는 것을 즐기면 밑 빠진 독에 물붓기와 같습니다. 한 달에 100만원을 벌어 50만원을 저축하는 사람과

500만원을 벌어 10만원을 저축하는 사람 중 누가 더 실속 있는 삶을 사는 사람이겠는지요. 지금 당장은 사고 싶은 것 못 사고 갖고 싶은 것 갖지 못해 속이 상하겠지만 자신의 미래를 위해서는 참고 기다릴 줄 알아야합니다. 그래야 밝은 미래가 활짝 열려 행복한 삶을 살 수 있는 것입니다. 그런데 지금 돈 쓰는 즐거움에 빠져 미래를 생각하지 않는다면 먼 훗날 가슴을 치며 자신의 어리석음에 대해 깊이 뉘우치며 자책하게 될 거예요.

한창 몸과 마음이 자라고 꿈을 향해 나아가는 청소년들에게는 더욱 근검절약정신이 필요합니다. 근검절약정신을 습관화하지 않으면 밝은 미래를 설계하고 개척하는데 어려움이 따르기 때문이지요.

성공한 사람들의 성공습관을 보면 대개의 사람들이 하지 못하는 강인한 실천정신을 갖고 있습니다. 아무리 목표가 훌륭하고 뜻이 높다 해도 그것을 이루겠다는 실천적의지가 약하면 그림의 떡일 뿐입니다. 그러나 강한 실천력으로 밀고 나가면 반드시 성공적인 인생이 될 수 있습니다.

'천리 길도 한 걸음부터' 라는 말이 있듯 모든 성공 뒤엔 차근차근 노력으로 쌓아올린 그 사람의 열정이 담겨있지요.

자신의 미래를 빛나게 살고 싶다면 근면 검소하고 참고 기다릴 줄 아는 사람이 되세요. 모든 성공은 근검절약을 실천하는 데서 오는 것입니다.

　이는 정주영의 스물세 번 째 성공비밀입니다.

정주영의 스물네 번째 성공멘토링

01 근검절약정신을 기르세요. 지금 우리사회는 과소비 풍조에 휘말려있습니다. 나 하나쯤이야, 하는 그 하나쯤이 자신을 망치고 가정을 망치고 사회를 망치고 나라를 망치는 것입니다. 자신의 빛나는 미래를 위해서라면 근검절약정신을 반드시 길러야합니다.

02 근검절약은 좋은 성공습관입니다. 근검절약을 습관화 하지 않으면 밝은 미래를 설계하고 개척하는데 어려움이 따르지요. 성공하고 싶다면 반드시 근검절약을 습관화 하기 바랍니다.

03 돈은 버는 것 보다 쓰는 것이 더 중요하지요. 성공적인 인생이 되기 위해서라면 근면검소하고 참고 기다릴 줄 아는 사람이 되세요. 모든 성공은 근검절약을 실천하는데서 오는 것입니다.

행복한 인생이 되라

행복한 인생이란 무엇일까

　나는 행복한 사람일까, 하고 누구나 한번쯤은 생각해 보았을 것입니다. 그리고 자신을 행복한 사람이라고 생각한 사람은 과연 얼마나 될까요? 이에 대해 나는 자신의 인생에 대해 만족한다, 는 사람보다는 그렇지 않은 사람이 더 많다고 생각합니다. 이는 왜일까요, 그것은 자신의 인생에 대한 행복지수가 너무 높기 때문입니다. 그 행복지수를 조금만 낮춘다면 자신을 행복한 인생이라고 생각하는 사람들의 수치는 크게 증가할 것입니다.

사람들은 행복의 가치 기준을 말할 때 제일 먼저 물질에 행복의 가치를 두지요. 그 까닭은 재물이 풍요로워야 자신이 행복하다고 믿기 때문입니다. 다시 말해 재물은 사람들이 원하는 것을 충족시켜주는 근본요소라고 생각하며 인생에 목적이라고 여기는 것이지요. 그러나 이것이 얼마나 잘못된 생각이라는 것을 알게 해주는 통계가 있습니다. 물질이 풍요로운 미국. 영국, 프랑스, 독일 등 선진국 사람들의 행복지수는 매우 높을 거라고 대부분 생각하지요. 하지만 선진국엔 자신들을 불행하다고 여기는 이들이 많습니다. 그 반면에 세계 최대빈민국인 방글라데시와 네팔 등 빈민국가 사람들은 자신을 행복하다고 여기는 사람들이 많습니다. 이를 본다면 행복의 첫째 조건은 물질이 아니라는 것입니다.

그렇다면 행복의 최고 가치는 무엇일까요?

그것은 마음을 가벼이 하는 것이지요. 다시 말해 물질에 욕심을 내지 말란 말입니다. 물질에 대한 욕망의 수치를 낮추는 만큼 행복지수는 높아진다는 것이지요. 맞는 말입니다. 누구나 이런 경험이 있을 것입니다. 나보다 형제나 친구가 더 좋은 것을 갖고 있을 때 자신도 모르게 마음속으로부터 솟아나던 시기와 부러움 말입니다. 그리고 그럴 때 자신이 상대방 보다 불행하게 여겨진다는 것을.

이를 보더라도 물질은 사람을 행복하게도 하지만 불행의 원인으로 작용한다는 것을 잘 알 수 있을 겁니다.

"만족한 마음을 가질 수 없는 사람에겐 결코 만족한 생활이란 없다." 이는 묵자의 말입니다. 이 말의 의미는 행복의 만족도가 높은 사람은 만족할 만한 조건을 갖추어야 하는데 그것이 결코 쉽지 않은 일이라는 것이지요. 그러기에 행복의 만족도가 낮으면 그만큼 만족한 삶을 살아갈 수 있다는 말입니다.

자신이 진정 행복한 인생이 되고 싶다면 만족의 눈높이를 조금만 낮추세요. 그렇게 된다면 자신을 불행하다고 여기는 부정적인 삶의 그늘에서 빠져나와 즐거운 인생으로 살아가게 될 것입니다.

행복한 인생의 네 가지 조건

정주영은 행복의 조건을 크게 네 가지로 규정 하였습니다.

행복한 인생의 첫째 조건은 건강입니다. 몸이 건강해야 자신이 하고 싶은 일도 할 수 있고, 가고 싶은 곳도 갈 수 있고, 남을 위해 봉사도 할 수 있지요. 건강한 몸을 갖는다는 것은 자신은 물론 가족과 친구 모두를 행복하게 하는 일입니다. 그러므로 건강을 위해 노력해야합니다.

두 번째 조건은 남을 배려하고 순수한 마음을 갖는 것입니다. 마음이 천국이면 자신이나 주변 사람들에게 기쁨이 되지요. 그러나 마음이 지옥이면 자신도 가족도 친구도 그 모두도 불행이 됩니다. 따라서 시기와 질투와 분노를 떠나 맑고 담백한 마음으로 살아야합니다.

셋째 조건은 지금보다 나은 삶, 지금보다 인간답고, 지금보다 나은 직장인, 지금보다 나은 발전을 위해 항상 노력해야합니다. 모든 것을 지금보다 나은 삶으로 이끌어내기 위해 충실하게 노력하는 사람에겐 불행을 생각할 여지가 없지요. 그러므로 매사에 자신을 긍정적으로 생각하고 충실하게 행동하세요.

끝으로 행복한 인생이 되는 넷째 조건은 뜻을 강하게 하고 굳게 하세요. 이 말은 마음이 곧고 중심이 반듯해야 어떤 어려움에도 흔들리지 않고 꿋꿋하게 헤쳐 나갈 수 있다는 것입니다. 편하고 쉽게 되는 일은 이 세상 그 어디에도 없습니다. 보기엔 쉬워 보이는 일도 막상 자신이 하면 어려움을 느끼게 될 것입니다.

정주영은 행복한 인생이 되기 위해서는 이 네 가지 조건을 실천하라고 말합니다. 그의 성공은 자신이 말했듯이 이 네 가지 조건을 열심히 실천했기 때문에 이룬 것이지요.

누구나 행복하게 살 권리가 있다

사람은 누구나 행복하게 살 권리가 있습니다. 행복은 특별한 사람만을 위한 인생의 선물이 아니지요. 누구에게나 주어진 인생의 권리이며 의무입니다. 그런데 문제는 행복은 누구에게나 찾아오는 것은 아니라는 것입니다. 그만한 대가를 지불해야 오는 것이지요. 대가 없는 인생의 행복은 그 이디에도 없으니까요.

공짜로 인생의 행복을 구걸하지 마세요. 공짜 인생은 늘 허무하게 종말을 맞게 됩니다. 그러나 땀과 열정으로 행복을 찾는 인생은 늘 풍요로운 행복을 누리며 인생의 극치를 느낄 것입니다.

행복한 자신의 인생을 위해서라면 아낌없이 자신의 열정을 투자하세요. 그래서 반드시 행복한 인생이 되기 바랍니다.

이는 정주영의 스물네 번 째 성공비민입니다.

정주영의 스물네 번째 성공멘토링

01 행복한 인생은 눈높이를 낮춰 자신을 행복의 숲으로 이끌고 가는 사람입니다. 그러나 자신을 불행하다고 여기는 인생은 끝없는 욕망에 갇혀 사는 사람이지요. 자신이 진정 행복한 인생이 되고 싶다면 부정적인 삶의 그늘에서 빠져나와 행복의 만족도를 조금만 낮추기 바랍니다.

02 행복한 인생의 첫째 조건은 건강입니다. 두 번째 조건은 남을 배려하고 순수한 마음을 갖는 것입니다. 셋째 조건은 지금보다 나은 삶, 지금보다 인간답게, 지금보다 나은 직장인, 지금보다 나은 발전을 위해 항상 노력해야합니다. 넷째 조건은 뜻을 강하게 하고 굳게 하는 것입니다.

03 행복은 특별한 사람만을 위한 인생의 선물이 아닙니다. 누구에게나 주어진 인생의 권리이며 의무이지요. 공짜로 인생의 행복을 구걸하지 마세요. 공짜 인생은 늘 허무하게 종말을 맞게 됩니다. 그러나 땀과 열정으로 행복을 찾는 인생은 늘 풍요로운 행복을 누리며 인생의 극치를 느낄 것입니다.

25

겸손한 부자가 되라

부자의 의미

부자는 돈이 많은 사람을 말합니다. 그러나 진정한 부자는 돈이 많다고 되는 것은 아니지요. 돈을 어떻게 벌었느냐가 더 중요합니다. 졸부라는 말이 있습니다. 이 말은 졸장부 같은 부자라는 의미로 큰 노력 없이 부를 이루어 씀씀이가 헤프고 품행이망성하지 못한 부자를 말합니다. 우리 사회에 졸부들이 넘쳐나는데 이들이 돈을 벌게 된 것은 개발의 붐을 타고 땅을 팔아 하루아침에 돈더미에 올라앉은 사람들이거나 집장사로 돈을 번 사람들이거나 로또복권에 당첨 된 사람들이지요. 이런 사람들은 큰 노력 없이 부를 쌓은 사람들이므로 돈에 대한 소중한 가치를 잘 모르는 것 같습니다. 그러다 보니 낭비가 심하고 도덕에 어긋난 행동도 곧잘 해서 양식 있는 사람들의 눈살을 찌푸리게 하지요.

세계 어느 나라 사람들이든 졸부들의 행동은 마찬가지입니다. 미국의 경우 우리나라와는 비교도 안 될 만큼 복권당첨금이 어마어마합니다. 그런데 하루아침에 큰 부자가 된 사람들의 한 가지 공통점은 수백억이 넘는 돈을 하루아침에 써버리고 노숙자로 전락한다는 것입니다.

물론 다 그런 것은 아니지만 하루아침에 폐인이 된 사람들이 많다는 통계입니다. 이런 일이 빚어지는 원인은 부자가 될 준비가 안 된 사람들이 갑자기 부자가 됨으로써 가치관의 혼란을 느껴 생긴 현상이지요. 그냥 내게 오는 물질은 나도 모르는 사이 빠져나갑니다. 그러나 땀 한 방울의 소중한 가치를 알고 차곡차곡 부를 쌓아 올린 사람은 튼튼한 반석과 같아 마음이 들뜨거나 공허하거나 졸렬하지 않습니다. 왜냐하면 돈의 가치를 제대로 알기 때문이지요.

부자는 누구나 꿈꾸지만 진정한 부자는 아무나 될 수 없습니다. 진정으로 부자가 되고 싶다면 부자수업을 착실히 쌓아야 합니다. 버는 것도 중요하지만 쓰는 것은 더 중요하지요. 그러므로 지혜로운 소비생활을 하는 방법을 배워야합니다.

부자가 되세요!

그냥 부자가 아니라 남을 배려하고 땀의 소중함을 알고 가치 있는 소비생활을 하는 지혜롭고 마음이 따뜻한 부자가 되기 바랍니다.

겸손한 부자가 되라

겸손한 부자!

부자가 겸손하다? 이는 뭔가 논리에 안 맞는 것 같군요. 하기야 이런 생각이 드는 것은 부자치고 거드름 안 피우고, 내 돈 내가 쓰는데 뭐가 어떠냐며 따지지 않을 사람, 없을 것 같기 때문이지요. 그리고 사실 부자 중에는 낯붉히는 행동을 스스럼없이 하는 사람들이 있는데, 이는 자신이 남보다 많은 것을 가진 게 무슨 특권의식처럼 생각되기 때문입니다.

일어탁수一魚濁水!

물론 한 마리 물고기가 맑은 물을 흐려놓는 현상이라고 봐도 좋겠지만 왠지 그렇게만 봐주기에는 우리 사회의 부자들은 꺼림직 합니다.

성수영은 겸손한 부자였습니다. 그는 우리나라 최대 그룹인 현대의 회장이었지만 소박한 밥상을 즐기고 한 벌의 양복을 헤지도록 입고, 한 켤레의 구두를 마르고 닳도록 신었다고 해요. 그는 엄청난 부자였지만 철저한 서민으로 살았습니다. 그렇다고 그가 돈을 무조건 아낀 것은 아닙니다. 자신을 위해서는 한 푼도 허투루 쓰지 않았지만, 나라를 위해 국민을 위해 가난한 사람들을 위해서는 아낌없이 돈을 내놓았지요.

어떤 이들은 정주영이 정경유착을 통해 대기업을 이루었다고 폄훼하기도 합니다. 하지만 그는 철두철미하게 자신의 피와 땀으로 메마른 경제의 터전을 기름진 경제 옥토로 바꾸어 놓았습니다. 어떤 기업인이 권력에 아부하여 기업을 확장 시킨 것과는 달리 정주영은 오직 자신의 힘만으로 대한민국 최대기업의 회장이 되고 개인적으로는 큰 부자가 되었던 것입니다.

정주영이 소박한 서민의식으로 살았던 것은 가난했던 시절부터 굳어진 생활습관 때문이지요. 나쁜 습관은 고질적이지만 좋은 습관은 성공을 부르는 삶의 양식이거든요.

겸허하게 행동하고 불필요한 낭비를 하지 않으며 가난한 이웃을 돕고 사회에 기여하는 겸손한 부자가 되세요.

겸손한 부자가 진정한 부자입니다.

진정한 부의 가치

　정주영은 돈이 많아야만 부가 아니라고 했습니다. 그는 부의 가치를 여러 가지로 정의 하였지요.

　"나는 각자 자기가 하고 싶은 대로 성취했다면 그 사람은 부를 가진 사람이라고 생각합니다. 자신이 이루고 싶은 것을 이룬 것이 바로 부의 성취이니까요. 이를 좀 더 구체적으로 말한다면 남이 부러워 할 만 한 지식을 갖고 있는 사람도 부를 이룬 사람이지요. 예술가는 예술적 가치로 부를 이루었고, 언론인은 언론으로써 부의 가치를 이루었고, 성직자는 성직의 길을 걷는 것이 부의 가치를 이룬 것이지요. 돈만을 최고의 가치로 삼는 황금만능 사회는 매우 위험하기 때문에 건전한 발전을 기대 할 수 없습니다."

　이처럼 정주영의 부의 가치에 대한 정의는 실로 다양합니다. 그리고 한 가지 분명히 할 것은 돈을 많이 버는 것만이 삶의 목적은 아니라는 말을 가슴 깊이 새겨 자신이 하고 싶은 일에 최선을 다하기 바랍니다. 자신의 인생을 풍요롭게 만들고 싶다면 진정한 부의 가치를 아는 겸손한 부자가 되기 바랍니다.

　이는 정주영이 성공적인 인생이 될 수 있었던 스물다섯 번째 성공비밀입니다.

정주영의 스물다섯 번째 성공멘토링

01 부자는 누구나 꿈꾸지만 진정한 부자는 아무나 될 수 없습니다. 진정
으로 부자가 되고 싶다면 부자수업을 착실히 쌓아야합니다. 부자의 참
된 의미는 땀 흘려 열심히 벌되 쓰는 것을 지혜롭고 신중히 하는 사람
입니다.

02 겸허하게 행동하고 불필요한 낭비를 하지 않으며 가난한 이웃을 돕고
사회에 기여하는 겸손한 부자가 되세요. 겸손한 부자가 진정한 부자입
니다.

03 진정한 부의 가치는 돈만이 아닙니다. 각자 자기가 하고 싶은 대로 성취
했다면 그 사람은 부를 가진 사람이지요. 자신이 이루고 싶은 것을 이
룬 것 역시 부의 성취이니까요.

26

꿈이 커야 큰 인생이 된다

꿈이 있는 사람이 아름답다

"꿈이 없는 사람도 있을까요?"

라고 묻는 다면

"아닙니다."

라고 대부분의 사람들은 말할 것입니다.

그러나 우리 주변을 돌아보면 꿈이 없이 하루하루를 살아가는 사람들이 의외로 많은 것 같습니다. 마치, 나에게 허락 된 삶이니까 그냥 살아가는 것이다. 라고 생각하는 것처럼.

그러면 여기서 말하는 꿈이란 무얼까요?

여기서 말하는 꿈이란 자신이 이루고 싶은 것을 마음에 담아

놓고만 있는 것이 아니라 그것을 이루기 위해 열정적으로 실천에 옮기는 것을 말합니다.

꿈이 있는 사람은 그가 무엇을 하던 아름답습니다. 꿈이 있는 사람에겐 따뜻한 삶의 향기가 있기 때문이지요. 그리고 꿈이 있는 사람에겐 몇 가지 특징이 있습니다.

첫째, 꿈이 있는 사람은 늘 밝고 긍정적입니다.
둘째, 꿈이 있는 사람은 배려심이 많고 매사에 자신감이 넘칩니다.
셋째, 꿈이 있는 사람은 어떤 시련 앞에서도 쉽게 좌절하지 않습니다.
넷째, 꿈이 있는 사람은 실패를 두려워하지 않습니다.
다섯째, 꿈이 있는 사람은 언제나 현재 진행형입니다.
여섯째, 꿈이 있는 사람은 칭찬을 잘합니다.
일곱째, 꿈이 있는 사람은 친절합니다.

그렇습니다.
꿈이 있는 사람은 매사를 능동적이고 낙관적으로 바라보기 때문에 눈은 밤하늘에 별처럼 초롱초롱 빛나고 미소는 온화하며 말은 부드럽고 마음은 따뜻합니다.

캐나다 도보 여행가 장 벨리보는 53개국에 무려 5만 3천 Km가 넘는 거리를 8년에 걸쳐 여행했고(2008년 9월 현재) 앞으로도 2년 동안 계획했던 나라를 도보로 여행한다고 합니다. 그는 여행을 하는 중에 거리에서도 자고 남의 집에서도 자고 창고나 헛간에서도 잤습니다. 밥은 빵이나 계란 그리고 여행한 나라의 음식을 얻어먹으며 해결했다고 합니다.

그가 10년에 걸친 세계여행을 시도한 것은 자신의 삶에 새로운 변화를 주기 위해서라고 합니다. 자신을 새롭게 발견하기 위한 그의 시도는 아내를 비롯한 자식들의 열렬한 응원에 힘입어 지금부터 8년 전인 그의 나이 45세 때 시작 되어 53세가 된 지금 까지도 계속 되고 있는 것입니다. 이런 그의 얘기는 세계적으로 널리 알려지고 그는 가는 곳곳마다 뜨거운 환영을 받았습니다. 세계 곳곳을 도보로 여행하는 그의 용기 있는 행동이 전 세계인들의 마음에 잔잔한 감동의 물결을 일으킨 것이지요.

장 벨리보는 매우 긍정적이고 밝고 맑은 사람입니다. 온몸을 쥐어짜는 뜨거운 태양아래에서, 비가 내리는 질퍽한 길을, 눈이 쌓이 춥고 미끄러운 길을 걸으면서도 그는 늘 웃으며 행복한 여행을 즐겼습니다.

장 벨리보의 세계도보여행은 그에게 있어 최대의 꿈이며 행복이지요. 그런 꿈이 있기에 그는 여행 중에 일어나는 힘들고 어려운 고통도 즐거움으로 받아들이고 극복할 수 있었던 것입니다. 꿈은 작던 크던 그것이 어떠하든 간에 가치가 있고 아름답습니다. 그래서 꿈이 있는 사람은 아름답고 넉넉해 보이는 것입니다.

꿈을 갖기 바랍니다!

마음에 담아 놓기만 한 박제된 꿈이 아니라 뜨겁게 살아 움직이는 실천적인 꿈을 가져야합니다.

꿈이 커야 큰 인생이 된다

꿈을 꾸는 데는 돈이 들지 않습니다. 꿈은 가난한 사람도 부자인 사람도 많이 배운 사람도 배우지 못한 사람도 남녀노소 누구나 가질 수 있지요. 그런데 이왕이면 꿈을 크게 가지세요. 꿈은 클수록 좋으니까요. 집이 가난해도 꿈은 크게 가지세요. 꿈이 크면 마음도 크게 자랍니다.

그러나 꿈만 크다고 해서 마음이 크게 되는 것이 아닙니다. 꿈이 큰 만큼 마음을 크게 갖고 열정을 다해 실천해야합니다. 꿈의 동그라미를 자기 몸만 하게 그리면 꼭 그만큼만 이루게 되고, 자기 집만큼 그리면 꼭 그만큼만 되고, 학교 운동장만큼 그리면 꼭 그만큼만 이루게 됩니다. 꿈은 믿고 행하는 대로 이루어집니다. 공짜로 이루어지는 꿈은 없습니다. 공짜를 좋아하지 마세요. 공짜만 좋아하는 공짜 인생은 공허한 인생으로 일생을 마치게 됩니다. 그러나 꿈을 크게 갖고 열정을 바쳐 최선을 다하면 큰 인생이 되어 일생을 행복하게 살아가게 된답니다.

정주영은 강원도 통천이라는 산골에서 태어났지만 그에겐 가난을 물리치고 큰 사람으로 살고 싶은 꿈이 있었습니다. 그는 가난했지만 가난을 탓하거나 불평하지 않았지요. 정주영은 가난해서 비록 초등학교밖에 못나왔지만 열심히 책을 읽고 지식을 쌓았습니다. 지식이란 독학으로도 얼마든지 쌓을 수 있다는 것을 그는 너무도 잘 알고 있었지요. 또 그는 불치하문不恥下問 이라는 말처럼 배우기 위해서라면 상대가 어린이든 부하직원이든 청소부든 배달부든 누구에게든지 배우기를 주저하지 않았습니다. 그가 취한 행동이야 말로 참다운 배움의 자세이지요.

꿈을 크게 가진 정주영은 큰 꿈을 이루기 위해 하루 24시간을 48시간으로 혹은 72시간으로 쓰며 최선의 노력을 다 했습니다. 불필요한 허례허식을 버리고 근면검소하고 정직한 마음으로 시간이 부끄럽지 않게 실천하며 도전한 끝에 꿈을 이루어 냈던 것입니다.

그가 이룬 꿈의 업적은 상상을 초월할 만큼 크고 장대합니다. 가난한 조국을 부유하게 하는 데 앞장섰고, 누구도 해낼수 없었던 서울 올림픽을 유치하여 성공적으로 이뤄냈으며 소떼를 이끌고 방북하여 평화의 물꼬를 터놓았습니다.

정주영은 꿈을 크게 갖고 창의적이고 열정적으로 실천함으로써 큰 인생이 되었던 것처럼 자신이 가난하다고 해서 큰 인생이 되고 싶은 것을 포기하지 마세요. 꿈은 돈이 없어도 학벌이 없어도 크게 가질 수 있고 노력여하에 따라 큰 인생이 될수 있으니까요.

꿈을 이룬 사람은 아름답고 위대합니다.

꿈은 이루기 위해서 존재하는 것입니다.

꿈이 없는 사람을 멀리하라

꿈이 없는 사람은 살아있어도 죽은 사람입니다. 꿈이 없는 사람의 눈을 보면 총기가 없지요. 얼굴에서는 미소가 떠났고 마음은 돌처럼 무겁습니다. 삶의 즐거움은 멀어지고 이상은 시들은 은행나무 잎처럼 쪼그라들었지요. 어디 그뿐인가요. 매사에 부정적이고 수동적이며 언제나 불평불만으로 가득 차 있습니다.

꿈이 없는 사람을 가까이 하지 마세요. 그로 인해 자신의 꿈도 멀어질 수 있습니다. 꿈이 없는 사람은 언제나 소극적이며 비능률적이고 비생산적입니다. 그래서 꿈이 없는 사람을 소모적인 인생이라고 말합니다.

자신이 소모적인 인생이 되느냐 그렇지 않느냐는 꿈이 있느냐 없느냐에 달려 있음을 기억하세요.

정주영, 헨리 포드, 케네디, 오프라 윈프리, 빌 게이츠 등 성공한 인생들은 하나 같이 먼 미래에 다가올 자신의 모습을 꿈꾸었지요. 그리고 그 꿈을 실현시키기 위해 미래를 설계하고 열정의 에너지를 쏟아 부었습니다. 그 결과 그들은 자신이 꿈꿨던 것의 10배, 30배, 100배 아니 그 이상의 놀라운 성공을 이뤄냈던 것입니다.

꿈꾸는 사람이 되십시오. 꿈이 커야 큰 인생이 됩니다. 나아가 꿈을 쫓아가지 말고 꿈을 리드하고 꿈을 지배하는 사람이 되기 바랍니다.

이는 정주영의 스물여섯 번 째 성공비밀입니다.

01 꿈이 있는 사람에겐 몇 가지 특징이 있습니다.

첫째, 꿈이 있는 사람은 늘 밝고 긍정적입니다.

둘째, 꿈이 있는 사람은 배려심이 많고 매사에 자신감이 넘칩니다.

셋째, 꿈이 있는 사람은 어떤 시련 앞에서도 쉽게 좌절하지 않습니다.

넷째, 꿈이 있는 사람은 실패를 두려워하지 않습니다.

다섯째, 꿈이 있는 사람은 언제나 현재 진행형입니다.

여섯째, 꿈이 있는 사람은 칭찬을 잘합니다.

일곱째, 꿈이 있는 사람은 친절합니다.

02 꿈이 커야 큰 인생이 됩니다. 꿈의 동그라미를 자기 몸만 하게 그리면 꼭 그만큼만 이루게 되고, 자기 방만큼 그리면 꼭 그만큼만 되고, 학교 운동장만큼 그리면 꼭 그만큼만 이루게 됩니다.

03 꿈이 없는 사람을 멀리하세요. 그로 인해 자신의 꿈도 멀어질 수 있습니다. 하지만 자신이 성공적인 인생이 되고 싶다면 늘 꿈으로 가득한 사람을 가까이 하고 꿈을 이루기 위해 최선을 다하기 바랍니다.

이 글을 마치며

    나는 이 글을 쓰는 내내 무척 행복했습니다. 마치 정주영 회장과 마주 앉아 그의 깊고 풍부한 인생의 경험을 듣는 듯 어느 한 순간도 긴장의 끈을 놓을 수 없었습니다. 그만큼 정주영 회장의 인생은 나에게 깊은 관심의 대상이었고, 맨 주먹으로 성공신화를 쓴 그의 성공이야기는 그 어떤 소설보다도 영화보다도 드라마보다도 그 누구의 인생보다도 생생하고 감동적이었습니다.

    정주영 회장의 인생이 드라마틱한 것은 인간의 힘으로는 불가능해 보이는 것을 가능하게 이끌어 내어 우리나라의 경제사를 새로 써냈다는 것입니다. 그의 감동의 드라마는 몇 가지 감동요소를 가지고 있습니다.

첫째, 아무것도 가진 것 없는 가난한 산골 소년이 맨 주먹으로 갖은 노력 끝에 대한민국을 대표하는 최고의 기업인이 되었습니다.

둘째, 창의적인 도전정신으로 경제적 불모지인 대한민국이 세계 속의 경제대국이 되는데 크게 기여했습니다.

셋째, 근검절약을 철두철미하게 실천하며 평생을 청빈낙도하며 살았습니다.

넷째, 국가와 민족을 위해 헌신하며 최선의 인생을 살았습니다.

다섯째, 모두가 'No' 라고 했을 때 그는 'Yes' 라고 말했습니다.

여섯째, 민간인 신분으로 소떼를 몰고 판문점을 도보로 넘어가 조국 통일의 물꼬를 튼 위대한 평화실천주의자였습니다.

일곱째, 다들 불가능하다며 엄두를 내지 못했던 것도 그가 시도만 하면 성공으로 이끌어 냈습니다.

정주영 회장의 인생은 개인사적인 것만은 아닙니다. 그는 우리나라 현대경제사와 그 맥을 같이 하는 위대한 기업인입니다. 우리나라 역대 기업인들 중에 그 만큼 국가경제와 만족을 위해 크게 기여한 사람은 없습니다. 그는 우리나라 경제사를 온몸으로 써낸 산 역사이며 1세기에 한 번 나올까 말까한 탁월한 경제인입니다.

나는 그의 인생이야기를 우리의 청소년들에게 들려주고 싶었습니다. 그동안 청소년을 위한 성공한 인생이야기는 역사 속의 인물을 소재로 한 위인전과 성공한 외국인이 대부분이었습니다. 이에 나는 정주영 회장에 대한 자료를 수집하고 자세히 검토한 끝에 『청소년을 위한 정주영의 성공 멘토링』이란 책을 쓸 수 있었습니다.

이 책이 자신의 인생을 성공적으로 살고 싶은 우리의 청소년들에게 좋은 친구 같은 인생의 길잡이가 되어주길 소망하며 모든 청소년들이 자신의 꿈을 이루어 행복한 삶을 사는 아름다운 인생이 되길 바랍니다.

- 1915년 강원도 통천군 송전면 아산리 출생.

- 1930년 송전 공립보통학교 졸업.

- 1934년 쌀 도소매업 '복흥상회' 취업

- 1938년 쌀 도소매업 '경일사회' 설립

- 1947년 현대토건사 설립

- 1950년 현대건설(주) 대표이사 취임

- 1961년 대한상공회의소 특별위원 피선

- 1963년 전국경제인연합회 이사 피선

- 1965년 한국무역협회 이사 피선

- 1967년 전국경제인연합회 부회장 피선

- 1969년 한국지역사회학교후원회 회장 피선, 현대시멘트(주) 설립

- 1973년 현대조선중공업(주) 설립

- 1975년 현대미포조선소(주) 설립, 명예공학박사(경희대)

- 1976년 한 · 아랍친선협회 회장 피선, 명예경제학박사(충남대)

- 1977년 울산공대 이사장 피선, 전국경제인연합회 회장 피선(13대) 재단법
  인 아산사회복지사업재단 설립

- 1979년 한 · 아프리카협회 회장

- 1981년 88서울올림픽 서울유치위원회 위원장(바덴바덴 IOC총회) 88서
  울올림픽조직위원회 부위원장 피선

- 1982년 유전공학연구조합 이사장 피선, 명예경영학박사(미국 조지워싱턴대), 대한체육회 회장 피선
- 1983년 현대전자산업(주) 설립, 한국정보산업협회 회장 취임
- 1985년 전국경제인연합회 회장 5선 연임, 한국체육인동우회 회장 취임 명예경제학박사(연세대)
- 1986년 명예문학박사(이화여대)
- 1987년 현대그룹명예회장 취임, 전국경제인연합회 명예회장 취임, 한국정보산업협회 명예회장 취임
- 1989년 한·소경제협회 회장 취임
- 1990년 명예정치학박사(서강대)
- 1991년 한·소경제협회 회장 제선
- 1995년 명예철학박사(고려대), 명예인문학박사(미국 존스홉킨스대)
- 2001년 사망

- 1962년 식산포장(대통령)

- 1965년 수출 공로표창(대통령)

- 1966년 동탑산업훈장(대통령)

- 1967년 수출 공로표창(대통령), 아시아건설업자대회 우수건설상

- 1968년 우수경영자상(고려대), 수출 공로표창(대통령)

- 1972년 수출 공로표창(대통령)

- 1973년 금탑산업훈장(대통령)

- 1977년 대영제국 코맨더장(영국여왕)

- 1979년 세네갈공화국 공로훈장(세네갈대통령)

- 1981년 국민훈장 동백장(대통령)

- 1982년 골든 플레이트 장(미국 A.A.A 회), 자이레 국가훈장(자이레대통령)

- 1983년 경성훈장(중화민국)

- 1985년 월계관장(룩셈부르크)

- 1988년 국민훈장무궁화장(대통령)

- 1998년 코멘더위드스타 훈장(노르웨이왕실)

- 1998년 올림픽훈장(IOC위원회)

- 2001년 러시아 친선훈장(러시아 대통령)

청소년을 위한
정주영의 성공멘토링

2009년 02월 02일 초판 1쇄 인쇄
2009년 02월 06일 초판 1쇄 발행

지은이_김옥림
그린이_김 홍
펴낸이_임종관
펴낸곳_미래북
신고번호_제302-2003-000326호
주 소_서울특별시 용산구 효창동 5-421호
전 화_02-738-1227
팩 스_02-738-1228
이메일_miraebook@hotmail.com

디자인_김왕기

ISBN 978-89-92289-17-7   03320